20
25

COORDENADORES

BERNARDO DE AZEVEDO E SOUZA

MARCOS LAMAS SANTOS DA SILVA

Bernardo de **Azevedo e Souza**

Joaquim Bartolomeu **Ferreira Neto**

Marcos Alexandre **da Silva**

Marcos Lamas **Santos da Silva**

Maurício de **Cunto**

PERÍCIAS DIGITAIS

Petterson Faria **de Souza**

Renato Guedes **dos Santos**

Viviane Ramos **da Cruz**

Dados Internacionais de Catalogação na Publicação (CIP) de acordo com ISBD

P441   Perícias Digitais / Bernardo de Azevedo e Souza ... [et al.] ; coordenado por Bernardo de Azevedo e Souza, Marcos Lamas Santos da Silva. - Indaiatuba, SP : Editora Foco, 2025.
184 p. ; 16cm x 23cm.

Inclui bibliografia e índice.
ISBN: 978-65-6120-242-8

1. Direito. 2. Perícias Digitais. I. Souza, Bernardo de Azevedo e. II. Ferreira Neto, Joaquim Bartolomeu. III. Silva, Marcos Alexandre da. IV. Silva, Marcos Lamas Santos da. V. Cunto, Maurício de. VI. Souza, Petterson Faria de. VII. Santos, Renato Guedes dos. VIII. Cruz, Viviane Ramos da. IX. Título.

2024-4572   CDD 340   CDU 34

Elaborado por Vagner Rodolfo da Silva - CRB-8/9410
Índices para Catálogo Sistemático:
1. Direito 340
2. Direito 34

COORDENADORES

BERNARDO DE **AZEVEDO E SOUZA**

MARCOS LAMAS **SANTOS DA SILVA**

Bernardo de
Azevedo e Souza

Joaquim Bartolomeu
Ferreira Neto

Marcos Alexandre
da Silva

Marcos Lamas
Santos da Silva

Maurício de
Cunto

PERÍCIAS
DIGITAIS

Petterson Faria
de Souza

Renato Guedes
dos Santos

Viviane Ramos
da Cruz

2025 © Editora Foco
Coordenadores: Bernardo de Azevedo e Souza e Marcos Lamas Santos da Silva
Autores: Bernardo de Azevedo e Souza, Joaquim Bartolomeu Ferreira Neto,
Marcos Alexandre de Araujo Silva, Marcos Lamas Santos da Silva, Maurício de Cunto,
Petterson Faria de Souza, Renato Guedes dos Santos e Viviane Ramos da Cruz
Diretor Acadêmico: Leonardo Pereira
Editor: Roberta Densa
Coordenadora Editorial: Paula Morishita
Revisora Sênior: Georgia Renata Dias
Revisora Júnior: Adriana Souza Lima
Capa Criação: Leonardo Hermano
Diagramação: Ladislau Lima e Aparecida Lima
Impressão miolo e capa: FORMA CERTA

DIREITOS AUTORAIS: É proibida a reprodução parcial ou total desta publicação, por qualquer forma ou meio, sem a prévia autorização da Editora FOCO, com exceção do teor das questões de concursos públicos que, por serem atos oficiais, não são protegidas como Direitos Autorais, na forma do Artigo 8º, IV, da Lei 9.610/1998. Referida vedação se estende às características gráficas da obra e sua editoração. A punição para a violação dos Direitos Autorais é crime previsto no Artigo 184 do Código Penal e as sanções civis às violações dos Direitos Autorais estão previstas nos Artigos 101 a 110 da Lei 9.610/1998. Os comentários das questões são de responsabilidade dos autores.

NOTAS DA EDITORA:

Atualizações e erratas: A presente obra é vendida como está, atualizada até a data do seu fechamento, informação que consta na página II do livro. Havendo a publicação de legislação de suma relevância, a editora, de forma discricionária, se empenhará em disponibilizar atualização futura.

Erratas: A Editora se compromete a disponibilizar no site www.editorafoco.com.br, na seção Atualizações, eventuais erratas por razões de erros técnicos ou de conteúdo. Solicitamos, outrossim, que o leitor faça a gentileza de colaborar com a perfeição da obra, comunicando eventual erro encontrado por meio de mensagem para contato@editorafoco.com.br. O acesso será disponibilizado durante a vigência da edição da obra.

Impresso no Brasil (2.2025) – Data de Fechamento (2.2025)

2025
Todos os direitos reservados à
Editora Foco Jurídico Ltda.
Rua Antonio Brunetti, 593 – Jd. Morada do Sol
CEP 13348-533 – Indaiatuba – SP
E-mail: contato@editorafoco.com.br
www.editorafoco.com.br

APRESENTAÇÃO

Os historiadores nos contam que os antigos cafés da Inglaterra, especialmente no século XVII, eram centros vibrantes de troca de ideias, onde pensadores, comerciantes e inovadores se reuniam para debater conceitos que moldariam a sociedade e a política da época. Esses berços de ideias revolucionárias fomentaram o surgimento de importantes movimentos sociais, além de obras que deixariam suas marcas nos séculos seguintes. A semente deste livro também nasceu em um café, embora moderno, que, assim como seus predecessores, ofereceu um ambiente estimulante para discussões sobre a evolução das perícias digitais e sua crescente importância no contexto jurídico brasileiro. A partir de uma conversa enriquecedora em um café localizado no bairro Teresópolis, em Porto Alegre (RS), nasceu a proposta deste livro, concebido e elaborado para auxiliar profissionais do Direito a compreender o fascinante universo das perícias digitais.

Convidamos renomados profissionais, especialistas em suas respectivas áreas de atuação, para colaborar na elaboração de uma obra abrangente, que abordasse diversos tipos de perícias, incluindo dispositivos móveis, computadores, áudios, imagens, vídeos, assinaturas eletrônicas e digitais, assinaturas manuscritas digitalizadas, além da análise de arquivos em formato PDF. Expressamos nossos sinceros agradecimentos aos autores que aceitaram o convite e se engajaram em nossa proposta audaciosa de compilar esse vasto conhecimento em uma obra acessível aos leitores. Passamos, então, à apresentação dos capítulos que compõem o livro "Perícias Digitais".

Em um mundo cada vez mais conectado, onde os dispositivos móveis se tornaram não apenas ferramentas de comunicação, mas extensões das nossas identidades, o capítulo "Perícia em Dispositivos Móveis" se abre como um verdadeiro portal para a nova era da perícia digital. O autor, Marcos Alexandre da Silva, nos leva a uma jornada fascinante pela evolução dos *smartphones*, destacando sua trajetória desde simples aparelhos de telefonia até se tornarem verdadeiros repositórios de nossas memórias, interações e segredos mais profundos. A transformação desses dispositivos em fontes de evidências em investigações criminais ressoa por toda a narrativa, à medida que exploramos as intricadas camadas do sistema Android. Cada elemento de sua arquitetura é esmiuçado, revelando um labirinto de informações onde cada clique e toque pode ser a chave para trazer à tona histórias entrelaçadas em uma vasta rede de conexões. Ferramentas forenses especializadas emergem como aliados essenciais na extração de dados, atuando como verdadeiros arqueólogos digitais na busca por evidências que, sem elas, permaneceriam ocultas nas camadas intricadas de sistemas tecnológicos.

Com o capítulo de Viviane Ramos da Cruz, "Perícia em Computadores", somos confrontados com a crescente complexidade dos crimes digitais que ameaçam nossa segurança e integridade. A autora nos conduz através de um cenário onde a sofisticação dos criminosos desafia não apenas a legislação, mas a própria essência da justiça. Cruz enfatiza a importância da conformidade jurídica e da segurança da informação, aspectos fundamentais para garantir a validade das provas digitais nos processos judiciais. O capítulo enfatiza, de forma contundente, a necessidade imperativa de os peritos estarem não apenas equipados com as melhores ferramentas, mas também com um profundo entendimento das normas e legislações que regulamentam a perícia digital, garantindo assim a validade jurídica das provas obtidas e a conformidade com padrões de segurança da informação.

Maurício de Cunto, em "Perícia em Áudios", nos oferece um espetáculo sonoro onde a evolução da técnica forense se entrelaça com as ameaças contemporâneas, como os temidos *deepfakes* gerados por inteligência artificial. Com maestria, Cunto nos convida a desvendar a complexidade oculta na análise forense de áudio. Cada elemento sonoro se torna uma pista, e a gravação digital, com suas complexidades, introduz um desafio multifacetado que exige rigor e precisão. O autor destaca o uso de técnicas avançadas para assegurar a autenticidade de áudios, explorando as intricadas questões de compressão, metadados e a verificação da coerência temporal, criando uma tapeçaria rica em detalhes que nos leva a refletir sobre a fragilidade da verdade em um mundo onde a manipulação é uma realidade cada vez mais comum. Ferramentas de análise espectral e biometria vocal são essenciais para a identificação de fraudes e manipulações, evidenciando não apenas a relevância da ciência forense, mas também o rigor necessário para a admissibilidade de provas sonoras nos tribunais.

No capítulo de Bernardo de Azevedo e Souza, "Perícia em Imagens", a história ganha vida através de pixels e sombras, onde a manipulação visual se transforma em uma forma de arte e crime. O autor não apenas discute as técnicas de detecção de falsificações, mas nos provoca a considerar o impacto emocional e social da adulteração de imagens, levando-nos a questionar nossa percepção da realidade em tempos de edição digital. A narrativa é enriquecida por uma categorização minuciosa das manipulações em três grupos: adulteração, esteganografia e computação gráfica. A ênfase na adulteração como a forma mais prevalente no contexto judicial nos faz ponderar sobre as implicações dessas práticas nas investigações e na confiança pública. O texto explora métodos avançados de detecção de falsificações, como a análise de metadados, verificação de iluminação e consistência geométrica, e destaca o uso de softwares forenses que se tornam aliados indispensáveis no processo de autenticação de imagens. O autor também sublinha a necessidade de constante atualização dos peritos para acompanhar os avanços tecnológicos e as novas ameaças que surgem, como os *deepfakes*, que impõem desafios cada vez maiores à verificação da autenticidade de imagens digitais, sendo um fator decisivo nas investigações judiciais que envolvem fraudes visuais e a busca por justiça.

Petterson Faria de Souza, em "Perícia em Vídeos", destaca a importância da análise técnica e científica na verificação da autenticidade e integridade dos vídeos, elementos essenciais para sua admissibilidade como prova em processos judiciais. O autor traça a evolução da perícia em vídeos, desde as primeiras gravações até o emprego de tecnologias avançadas, como inteligência artificial e aprendizado de máquina, revelando um panorama onde cada *frame* pode conter pistas vitais. Ferramentas especializadas, como *softwares* de análise de metadados, compressão de imagem e sincronização de áudio, são apontadas como fundamentais para a detecção de manipulações sutis, transformando a análise forense em um jogo de xadrez onde cada movimento deve ser pensado e calculado. O capítulo também ressalta a importância da coleta e preservação das evidências, elementos indispensáveis em um contexto onde a verdade é continuamente questionada.

No capítulo "Perícia em Assinaturas Eletrônicas e Digitais", Marcos Lamas Santos da Silva discute a relevância das assinaturas eletrônicas e digitais no contexto atual, onde a digitalização se torna uma norma, permeando documentos jurídicos com uma nova dinâmica de validação e segurança. O texto aborda os conceitos de assinaturas eletrônicas e digitais com uma profundidade que transcende a mera definição, ressaltando a necessidade de metodologias específicas para sua análise pericial, especialmente em relação à grafoscopia. O autor examina a infraestrutura de chaves públicas, enfatizando a relevância da certificação digital e da regulamentação da ICP-Brasil para assegurar a segurança jurídica. Além disso, aborda os desafios enfrentados pelos peritos, que precisam se manter atualizados em um ambiente tecnológico em constante evolução, onde as implicações forenses das novas tecnologias não podem ser negligenciadas.

Renato Guedes dos Santos, no capítulo "Perícia em Assinaturas Manuscritas Digitalizadas", oferece uma análise aprofundada sobre o processo forense de verificação de assinaturas eletrônicas manuscritas, ressaltando os desafios e inovações oriundos do ambiente digital que transformam a grafoscopia. O autor diferencia assinaturas estáticas das dinâmicas, enfatizando que as últimas capturam dados biométricos essenciais, como pressão, velocidade e ritmo, proporcionando uma camada adicional de segurança na validação de autenticidade. Ferramentas especializadas são empregadas com rigor científico para analisar esses dados biométricos, identificando fraudes ou inconsistências com uma precisão impressionante. A análise grafoscópica digital vai além da comparação visual tradicional, integrando informações biomecânicas e dinâmicas que permitem uma verificação detalhada, mesmo quando as assinaturas são capturadas por dispositivos eletrônicos como *tablets* e *pads*, garantindo maior confiabilidade no processo forense, mesmo diante das complexidades e incertezas do mundo digital.

Por fim, no capítulo "Perícia em Arquivos PDF", Joaquim Bartolomeu Ferreira Neto aborda a importância da análise forense de arquivos PDF na era digital, enfatizando que esse formato se tornou a norma para a criação, compartilhamento e armazenamento de documentos eletrônicos, especialmente em contextos legais e administrativos onde a precisão é fundamental. O autor discute a relevância dos metadados para a perícia, apresentando uma variedade de tipos e suas implicações na análise de documentos, além de detalhar ferramentas forenses para a extração e análise de dados. O texto não se limita a examinar a superficialidade dos arquivos, mas também explora a extração de imagens, identificação de fontes tipográficas e a comparação de documentos, enfatizando a necessidade de técnicas avançadas para detectar fraudes e manipulações.

Ao final desta rica jornada através dos fascinantes capítulos que compõem esta obra, somos convidados a refletir sobre a evolução e os desafios que permeiam a perícia digital em um mundo em constante transformação. Cada autor, com sua *expertise* e visão singular, nos proporciona uma compreensão profunda das nuances que cercam a computação forense, revelando não apenas as ferramentas e técnicas necessárias, mas também os dilemas éticos e legais que desafiam profissionais da área. Com a expectativa de que o conhecimento adquirido neste livro se revelará essencial para a prática forense contemporânea, desejamos a todos uma experiência enriquecedora e inspiradora.

Boa leitura!

Bernardo de Azevedo e Souza
Marcos Lamas Santos da Silva

Coordenadores

SOBRE OS AUTORES

BERNARDO DE AZEVEDO E SOUZA
Doutor em Direito pela Universidade do Vale do Rio dos Sinos (UNISINOS). Mestre em Ciências Criminais pela Pontifícia Universidade Católica do Rio Grande do Sul (PUCRS). Especialista em Ciências Penais (PUCRS). Especialista em Computação Forense e Segurança da Informação pelo Instituto de Pós-Graduação e Graduação (IPOG). Especialista em Perícia em Imagens e Documentos Digitais (IPOG). Professor dos Cursos de Especialização em Direito da Universidade FEEVALE, da Universidade de Caxias do Sul (UCS), da Fundação Escola Superior do Ministério Público (FMP) e da Escola Brasileira de Direito (EBRADI). Membro da Associação Nacional dos Peritos em Computação Forense (APECOF). Advogado em Direito Digital. Perito Digital.

JOAQUIM BARTOLOMEU FERREIRA NETO
Perito digital, mentor de advogados, palestrante, membro da comissão especial de perícias da OAB-SP, certificado CHFI (Computer Hacking Forensics Investigator), certificado CEH (Certified Ethical Hacker), Especialista em Informática Forense pelo IPOG e Áudio and Image Forensics pela BluEAD, Pós-Graduando em Cibersegurança Ofensiva pela ACADI-TI, graduado em Gestão de Pessoas pela Ateneu, Técnico em Redes de Computadores pelo IFCE. Autor do livro IPED Zero to Hero, coautor do livro OSINT do Zero a Investigação Profissional, desenvolvedor da ferramenta ADV Expert, criador do método PDA (Provas Digitais Advanced) e RDPD (Recuperação de Dados com Perícia Digital).

MARCOS ALEXANDRE DE ARAUJO SILVA
Graduado em Superior de Tecnologia em Informática, com pós-graduação em Segurança de Sistemas Computacionais e em Computação Forense e Perícia Digital pelo instituto IPOG de Porto Alegre. Especialista em técnicas avançadas de análise forense em dispositivos Android, imagem, áudio e vídeo. Membro da SBFC e da APECOF.

MARCOS LAMAS SANTOS DA SILVA
Formado em Direito pela UCPEL, possui pós-graduação em Ciências Forenses e Perícias Criminais e em Computação Forense e Perícias Digitais, ambas pelo IPOG, pós-graduando em Documentoscopia Avançada pela BSSP. Perito na análise forense de documentos e assinaturas, tanto físicas quanto eletrônicas, além de provas digitais. Contribuiu com melhorias significativas nas Atas Notariais por meio de técnicas de forense digital. É professor na Academia de Forense Digital e integrante da SBCF e APECOF. CEO e Perito-Chefe do Lamas Instituto de Perícias

MAURÍCIO DE CUNTO

Engenheiro Eletrônico, Cientista, Professor, Restaurador e Expert Forense em Áudio, Voz e Fala, com ampla experiência em diversas áreas de tecnologia e forense, especializado em áudio, voz, fala, vídeos, imagens e documentos. Atua no processamento de materiais multimídia analógicos e digitais desde o final dos anos 70, sendo uma referência nacional na restauração e análise de materiais de baixa qualidade. Leciona na área de ciências forenses aplicadas a áudio, voz e multimídia, com profundo conhecimento em gravações de voz, equipamentos de áudio, sistemas de armazenamento multimídia e análises forenses. Possui expertise no uso de equipamentos de áudio, como equalizadores, compressores, enhancers, filtros espectrais e spectrogramas, bem como em softwares e plug-ins forenses, como Waves, WaveArts, Voxengo, Melodyne, MAAT e iZotope.

PETTERSON FARIA DE SOUZA

Perito Digital. Professor na Academia de Forense Digital (AFD). Gerente de Forense no Instituto de Defesa Cibernética (IDCiber). Vice-Diretor de Educação na APECOF. Mestrando em Sistema aplicados à Engenharia e Gestão (SAEG). Pós-graduando em Contabilidade Pública e Lei de Responsabilidade Fiscal. Pós-graduado em Gestão de Riscos e Cibersegurança. Pós-graduado em Banco de Dados. Bacharel em Sistemas de Informação. Bacharel em Ciências Contábeis. Profissional de Forense Digital, Investigação de Fraudes e Patrimônio Oculto. Atua como Perito Digital em 9 (nove) Tribunais Estaduais.

RENATO GUEDES DOS SANTOS

Bacharel em Ciência da Computação, Mestre e Doutor em Psicologia Cognitiva com especializações em Documentoscopia, Computação Forense / Perícia Digital e Educação Especial Inclusiva. Presidente da Comissão de Perícias Forenses da Academia Brasileira de Ciências Criminais (ABCCRIM), Consultor da Comissão Especial de Perícias da OAB-RJ e pesquisador no Núcleo de Pesquisa em Epistemologia Experimental e Cultural da UFPE. Professor da Perícias Forenses e da Coligação dos Policiais Civis do Estado do Rio de Janeiro (COLPOL), coordenador do curso de pós-graduação em Documentoscopia da Faculdade Instituto Rio de Janeiro (FIURJ) e moderador do Guia Forense. Diretor na empresa Renato Guedes Perícias e perito colaborador na Órion Perícias. Perito homologado em diversos tribunais federais e estaduais do Brasil.

VIVIANE RAMOS DA CRUZ

Formada em Redes de Computadores e pós-graduada em Gestão de Projetos. Possui mais de 15 anos de experiência em diversos segmentos e projetos voltados para a tecnologia. Dentro desta área, conseguiu expandir horizontes, levar soluções e promover constantes melhorias em processos e sistemas. Apaixonada por tecnologia e investigações, busca constantemente superar as limitações, estudando e promovendo interações entre as áreas de conhecimento. É aluna da Academia de Forense Digital (AFD) e escritora de artigos relacionados a ferramentas forenses. Teve a oportunidade de apoiar na pesquisa do exploit do WhatsApp no Android 14, utilizando a ferramenta Avilla Forensics.

SUMÁRIO

APRESENTAÇÃO V

SOBRE OS AUTORES IX

PERÍCIA EM DISPOSITIVOS MÓVEIS 1
   1. INTRODUÇÃO 1
   2. FUNDAMENTOS DO SISTEMA ANDROID 4
   3. FERRAMENTAS E TÉCNICAS DE PERÍCIA 6
   4. FERRAMENTAS POPULARES PARA ANÁLISE DE DISPOSITIVOS ANDROID 7
   5. MÉTODOS DE EXTRAÇÃO DE DADOS 8
   6. PROCEDIMENTOS DE COLETA DE DADOS EM DISPOSITIVOS ANDROID 9
   7. PROCEDIMENTOS DE COLETA E ANÁLISE 12
   8. FERRAMENTAS ESPECÍFICAS E SUAS FUNÇÕES 13
   9. ANÁLISE DE DADOS 14
   10. DESAFIOS E CONSIDERAÇÕES LEGAIS 16
   11. ESTUDOS DE CASO E EXEMPLOS PRÁTICOS 19
   12. CONCLUSÃO 26
   REFERÊNCIAS 27

PERÍCIA EM COMPUTADORES 29
   1. INTRODUÇÃO 29
      1.1 Perícia computacional 29
      1.2 Legislações, normas e padrões 29

2. CONDUÇÃO DE PERÍCIAS EM COMPUTADORES 30
   2.1   Visão das etapas na perícia digital... 30
   2.2   Visões sobre os diversos sistemas operacionais e de arquivos............ 31
   2.3   Avanços na análise forense com uso de ferramentas........................... 32
3. RECUPERAÇÃO DE DADOS 33
   3.1   Recuperações de arquivos – *data carving*... 33
   3.2   Recuperações de dados de Discos Sólidos (SSD)................................... 35
4. PRINCIPAIS INVESTIGAÇÕES FORENSES EM COMPUTADORES..... 36
   4.1   Categorias de artefatos recuperáveis em softwares forenses............. 36
   4.2   Artefatos úteis.. 37
5. SISTEMAS OPERACIONAIS MODERNOS E CRIPTOGRAFIA 40
6. ABORDAGEM PRÁTICA E CONCLUSÕES.. 42
   6.1   Buscas mais rápidas com uso de dicionário de caso 42
   6.2   Relatórios de achados focados no uso do dicionário de caso............ 44
   6.3   A finalização de um caso 46
   6.4   Conclusão e mensagem final.. 47
REFERÊNCIAS.. 47

PERÍCIA EM ÁUDIOS 49
1. INTRODUÇÃO 49
   1.1   Contexto histórico 49
   1.2   A Guerra Fria e a expansão das técnicas de vigilância 51
   1.3   O surgimento do áudio digital... 51
   1.4   *Deepfakes* e os desafios forenses desta década 52
   1.5   O papel da lei e da ciência 52
   1.6   Atualidade e perspectivas futuras... 53
2. ORIGEM.. 53
   2.1   Som e áudio 53
   2.2   Percepção e importância do som.. 53
   2.3   O áudio como registro de som... 53
   2.4   Funcionamento do sistema auditivo 54
   2.5   Medição do som e propriedades acústicas 57

3.	ARMAZENAMENTO	61
	3.1 Analógico em meio magnético	61
	3.2 Meio digital	63
4.	O TRABALHO PERICIAL	65
REFERÊNCIAS		66

PERÍCIA EM IMAGENS DIGITAIS 69

1.	INTRODUÇÃO	69
2.	MANIPULAÇÃO DE IMAGENS DIGITAIS	71
3.	DETECTANDO ADULTERAÇÕES EM IMAGENS DIGITAIS	73
	3.1 Detecção de cópia-movimento (*copy-move*)	74
	3.2 Detecção de emenda (*splicing*)	75
	3.3 Análise de metadados	75
	3.4 Análise de consistência de iluminação	76
	3.5 Outras técnicas disponíveis	77
4.	CONSIDERAÇÕES FINAIS	80
REFERÊNCIAS		81

PERÍCIA EM VÍDEO 83

1.	INTRODUÇÃO	83
2.	DEFINIÇÃO E IMPORTÂNCIA DA PERÍCIA EM VÍDEO	83
3.	CONTEXTO HISTÓRICO E EVOLUÇÃO	84
4.	EQUIPAMENTOS UTILIZADOS NA PERÍCIA EM VÍDEO	85
5.	*SOFTWARES* E FERRAMENTAS DE ANÁLISE	86
6.	COLETA E PRESERVAÇÃO DE EVIDÊNCIAS EM VÍDEO	89
7.	TÉCNICAS DE ANÁLISE FORENSE	90
8.	AUTENTICIDADE E INTEGRIDADE DOS VÍDEOS	94
9.	PROBLEMAS COMUNS NA PERÍCIA EM VÍDEO	95
10.	O FUTURO DA PERÍCIA EM VÍDEO	98
11.	O IMPACTO DAS NOVAS TECNOLOGIAS NA PERÍCIA	99

12. CONCLUSÃO	99
13. LINKS PARA FERRAMENTAS	100
REFERÊNCIAS	100

PERÍCIA EM ASSINATURAS ELETRÔNICAS E DIGITAIS 103

1. INTRODUÇÃO	103
2. CONCEITOS DE ASSINATURA	103
3. O QUE É A PERÍCIA GRAFOTÉCNICA	106
4. ASSINATURA DIGITAL	108
4.1 Infraestrutura de Chaves Públicas Brasileira – ICP-Brasil	108
4.2. Identificação biométrica da ICP-Brasil	109
4.3 Processo de criação da assinatura digital	110
4.4 Políticas de assinatura da ICP-Brasil	111
4.5 Padrões para assinatura digital da ICP-Brasil	112
4.5.1 CMS *Advanced Electronic Signature* (CAdES)	113
4.5.2 XML *Advanced Eletronic Signature* (XAdES)	113
4.5.3 PDF *Advanced Electronic Signature* (PAdES)	115
4.6. Requisitos para geração e verificação de assinaturas digitais	116
5. ASSINATURAS ELETRÔNICAS	118
5.1 Assinatura qualificada	120
5.2 Assinatura avançada	120
5.3 Assinatura simples	122
6. DESAFIOS DO EXAME FORENSE EM ASSINATURAS ELETRÔNICAS	125
7. PROFISSIONAL QUALIFICADO PARA EXAME EM ASSINATURAS ELETRÔNICAS	129
8. CONCLUSÃO	130
REFERÊNCIAS	131

PERÍCIAS EM ASSINATURAS ELETRÔNICAS MANUSCRITAS................	133
1. INTRODUÇÃO	133
2. ASSINATURAS MANUSCRITAS................	134
3. ASSINATURAS ELETRÔNICAS MANUSCRITAS................	135
3.1 Tipos de assinaturas eletrônicas manuscritas	137
3.1.1 Assinatura estática	137
3.1.2 Assinatura dinâmica	138
4. TÉCNICAS DE ANÁLISE GRAFOSCÓPICA EM ASSINATURAS ELETRÔNICAS................	140
4.1 Como se parece uma assinatura eletrônica manuscrita?................	140
4.2 Adaptação ao suporte e ao instrumento escritor................	140
4.3 Redução dos detalhes	142
4.4 Decomposição................	143
4.5 Dados biométricos da assinatura dinâmica	144
4.6 Assinatura dinâmica como números................	145
5. ADEQUABILIDADE	147
6. CONSIDERAÇÕES FINAIS	149
7. CONCLUSÃO................	149
REFERÊNCIAS................	150
PERÍCIA EM ARQUIVOS PDF................	151
1. INTRODUÇÃO	151
2. ANÁLISE DE METADADOS	151
3. EXTRAÇÃO DE IMAGENS	155
4. IDENTIFICAÇÃO DE FONTES................	157
5. VERSIONAMENTOS	158
6. INSPEÇÃO VISUAL	159
7. COMPARAÇÃO DE DOCUMENTOS................	160

8.	CUIDADOS NECESSÁRIOS	162
9.	RECUPERAÇÃO DE PDF CORROMPIDO	163
10.	QUEBRA DE SENHA DE PDF	165
11.	LINKS PARA FERRAMENTAS	166
	REFERÊNCIAS	166

PERÍCIA EM DISPOSITIVOS MÓVEIS

Marcos Alexandre de Araujo Silva

1. INTRODUÇÃO

A transformação tecnológica que o Brasil tem vivenciado nos últimos anos é iminente, refletida na aquisição crescente de dispositivos móveis. Esse fenômeno é amplamente atribuído a uma combinação de inovações tecnológicas rápidas e ao design altamente atraente desses dispositivos. A popularização dos smartphones, com suas capacidades aprimoradas e interfaces intuitivas, facilitou sua integração em praticamente todos os aspectos da vida cotidiana. O design inovador e as evoluções tecnológicas têm desempenhado um papel fundamental na sua ampla aceitação, tornando-os uma presença constante nas atividades diárias dos usuários.

O impacto dessa transformação tecnológica vai além das mudanças no estilo de vida, influenciando profundamente o campo jurídico. A popularização dos dispositivos móveis, especialmente os aparelhos que possuem o sistema operacional Android,[1] trouxe uma nova dimensão para a coleta e análise de evidências em diversos tipos de processos legais e até mesmo investigações fora da esfera judicial.

Os celulares, cujas capacidades são potencializadas a cada novo modelo, tornaram-se fontes essenciais de prova não apenas em investigações criminais, mas também em litígios civis e disputas comerciais. A relevância dos dados armazenados e gerados por esses dispositivos reflete a transformação dos celulares de simples ferramentas de comunicação para elementos centrais na investigação e resolução de questões legais.

Outro ponto que reflete a necessidade de estudo aprofundado é os fundamentos do sistema Android, pois compreender tais princípios é fundamental para a perícia digital. Desenvolvido pelo Google, o Android[2] é um sistema operacional baseado em Linux, projetado para dispositivos móveis. A arquitetura do Android inclui um núcleo, uma camada de bibliotecas e uma camada de aplicativos, cada um desempenhando um papel determinante na gestão de dados e operações do dispositivo. Entender a estrutura do sistema de arquivos do Android, que foi

---

1. O Android é um sistema operacional baseado em Linux, desenvolvido para dispositivos móveis como smartphones e tablets, amplamente adotado por fabricantes ao redor do mundo devido à sua flexibilidade, capacidade de personalização e forte suporte da Google, consolidando-se como um dos sistemas mais populares globalmente.
2. ANDROID, 2024. Fundamentos de aplicativos. Disponível em: https://developer.android.com/guide/components/fundamentals?hl=pt-br. Acesso em: 2 set. 2024. ANDROID, 2024. Android debug bridge (adb). Disponível em: https://developer.android.com/tools/adb?hl=pt-br. Acesso em: 24 set. 2024.

projetado para suportar grandes volumes de dados, bem como a forma como os aplicativos interagem com o sistema e com o usuário, é um aspecto essencial para a realização de uma perícia digital.

Com o rápido avanço tecnológico dos dispositivos, vieram também os recursos e as técnicas de perícia que utilizam uma variedade de ferramentas especializadas e metodologias cada vez mais avançadas. Ferramentas proprietárias como FTK Imager e Cellebrite UFED, e ferramentas gratuitas, porém de código fechado, como o Avilla Forensics, além de ferramentas gratuitas e de código aberto, como o ADB e o IPED, são essenciais para a extração e análise de dados, permitindo a recuperação de informações valiosas como registros de chamadas, mensagens e dados de aplicativos. Técnicas como a análise de imagens forenses e a recuperação de dados deletados são essenciais para garantir a integridade e a relevância das evidências coletadas.

No entanto, uma perícia exige cuidados além do uso de ferramentas atualizadas; é necessário garantir que os procedimentos adotados na coleta de dados não interfiram a ponto de anular todo o trabalho posterior, ou seja, a própria perícia em si. Os procedimentos para a coleta de dados em dispositivos Android são extremamente rigorosos e precisam ser seguidos com precisão para garantir a preservação da integridade das evidências. Isso inclui o uso de ferramentas de extração que preservem o estado original do dispositivo e a documentação detalhada dos procedimentos adotados. A criação de imagens forenses do dispositivo é uma etapa essencial para garantir que a análise posterior seja baseada em dados íntegros e não alterados ou, no mínimo, em uma coleta parcial, mas muito bem registrada.

Conforme mencionado por Wendt e Jorge,[3] a cadeia de custódia deve descrever claramente como a evidência foi localizada e todas as suas intercorrências, bem como indicar onde, quando e por quem a evidência foi descoberta, coletada, tratada e examinada.

Após a coleta, vem a análise dos dados coletados. Esta etapa envolve a interpretação detalhada de informações, incluindo logs (registros) do sistema, dados de aplicativos, sejam eles nativos ou de terceiros, e arquivos de configuração. A capacidade de recuperar dados deletados e interpretar informações complexas, como registros de localização e comunicações protegidas por criptografia, apresenta desafios significativos. A correlação de dados de diferentes fontes, porém provenientes do mesmo dispositivo, e a interpretação do contexto são fundamentais para uma análise precisa e completa.

---

3. WENDT, E.; JORGE, H. V. N. Perícia computacional e investigação de delitos informáticos: importância e desafios contemporâneos. In: BEZZERRA, C. S.; AGNOLETTO, G. C. *Combate ao Crime Cibernético*. Rio de Janeiro, Mallet Editora, 2016.

A perícia em dispositivos móveis enfrenta desafios diversos, incluindo a variedade de modelos e versões do Android, que pode afetar a capacidade de extração e análise de dados. Além disso, questões legais relacionadas à privacidade e proteção de dados são preocupações importantes. As práticas de perícia devem alinhar-se com legislações vigentes, como a Lei Geral de Proteção de Dados, a Lei 13.964/2019, além do procedimento operacional padrão do Ministério da Justiça e Segurança Pública,[4] buscando garantir a coleta e o uso ético e legal das informações. A complexidade das técnicas e a necessidade de garantir a admissibilidade das evidências em tribunal exigem especialização e rigor.

Figueredo e França Júnior[5] explicam que a extração clássica de dados forenses é um processo automatizado, no qual o papel do operador humano é limitado, principalmente na configuração e preparação do dispositivo a ser investigado. O foco está na execução da técnica pela ferramenta de software, que é de código fechado e pronta para uso, com pouca necessidade de intervenção humana no processo de extração. O objetivo desse modelo é facilitar a extração de dados para forças da lei, tornando o processo acessível e eficaz, mesmo com treinamento técnico mínimo.

A recuperação de dados pode ser de grande valor probatório em casos de sequestro, assassinato, roubo, questões trabalhistas, espionagem industrial, espionagem intelectual, litígios matrimoniais, disputas sobre usucapião, pensão alimentícia, entre outros. São apenas algumas situações em que é possível demonstrar a eficácia das técnicas que ajudam a identificar fatos que auxiliam na análise de dados e no desenrolar de um processo, seja ele judicial ou extrajudicial.

A rápida expansão na aceitação de celulares e a contínua evolução da tecnologia móvel destacam a importância crescente da perícia em dispositivos móveis. A compreensão dos fundamentos do sistema, o uso de ferramentas especializadas, a adesão a procedimentos rigorosos, a análise detalhada dos dados e a consideração dos desafios legais são componentes essenciais para garantir a integridade e a eficácia das evidências digitais. A integração da tecnologia móvel na vida cotidiana e sua influência nos processos legais exigem uma abordagem informada e adaptativa na perícia digital.

---

4. MJSP, 2024. Procedimento operacional padrão (POP). Informática forense. Disponível em: https://www.gov.br/mj/pt-br/assuntos/sua-seguranca/seguranca-publica/analise-e-pesquisa/pop/pop-pericia-criminal-2024-informatica-forense-vol-5-pdf.pdf/@@download/file. Acesso em: 13 set. 2024.
5. FIGUEIREDO, J. R.; FRANÇA JÚNIOR, F. F. Extração forense avançada de dados em dispositivos móveis: técnicas aplicadas ao ambiente Android. Rio de Janeiro, BRASPORT Livros e Multimídia Ltda, 2022. v. 1. Conceitos, fundamentos técnicos, diretrizes, métodos e documentos legais.

2. FUNDAMENTOS DO SISTEMA ANDROID

O sistema Android, desenvolvido pelo Google, é a base de muitos smartphones e tablets que usamos no dia a dia, dispositivos conhecidos como *sistemas embarcados*, ou seja, sistemas operacionais que controlam funções específicas dentro de um hardware. Para entender como funcionam os dispositivos Android, é essencial conhecer um pouco sobre sua arquitetura e como os dados são organizados.

O Android funciona como um grande motor composto por diversas engrenagens que trabalham em conjunto para garantir o funcionamento eficiente do dispositivo. A seguir, detalhamos as principais partes desse motor:

1. Núcleo do Sistema – Kernel: O ponto central do Android, assim como em outros sistemas baseados em Linux, é o seu Kernel, que é responsável por gerenciar o hardware do dispositivo, como o processador e a memória. Imagine o núcleo como o gestor de um grande escritório, garantindo que todos os recursos necessários estejam disponíveis e funcionando corretamente.

2. Camada de abstração de hardware – HAL: Acima do núcleo, temos a HAL, uma camada que atua como intermediária entre o hardware (como a câmera e o sensor de temperatura) e o restante do sistema. Ela permite que o Android se comunique com diferentes tipos de hardware sem a necessidade de conhecer os detalhes específicos de funcionamento de cada um.

3. Camada de Bibliotecas: A seguir, há um conjunto de ferramentas e bibliotecas que facilitam a criação e gestão de aplicativos. Por exemplo, uma biblioteca pode ser usada para mostrar gráficos, gerenciar bancos de dados, implementar funcionalidades de redes sociais, efetuar pagamentos online ou fornecer recursos de geolocalização, como mostrar a localização do usuário em um mapa. É como um conjunto de ferramentas que os desenvolvedores usam para construir aplicativos e garantir seu funcionamento adequado.

4. Camada de Aplicativos: No topo da pirâmide estão os aplicativos que utilizamos diariamente, como redes sociais, jogos e ferramentas de produtividade. Essa camada inclui todos os aplicativos pré-instalados e aqueles que baixamos da loja, conhecidos como aplicativos de terceiros. Aqui, as funcionalidades dos aplicativos se tornam visíveis, pois eles utilizam as ferramentas e bibliotecas das camadas inferiores para oferecer os serviços que conhecemos.

Os dispositivos Android precisam organizar e armazenar todos os dados, como fotos, músicas e aplicativos. O sistema de arquivos é a maneira como o Android organiza esses dados para facilitar sua localização e gestão. O Android utiliza um sistema de arquivos chamado ext4,[6] que funciona como um índice eficiente para organizar e acessar grandes quantidades de dados, garantindo que tudo esteja bem organizado e acessível sem perda de desempenho.

O Android organiza os dados em diferentes 'pastas' ou diretórios, cada uma com uma função específica, englobando o gerenciamento do sistema, os aplicativos e os dados do usuário. Embora haja diretórios comuns na maioria dos dispositivos Android, algumas variações podem ocorrer dependendo da versão do sistema ou das personalizações feitas pelos fabricantes. Essa organização é conhecida como Estrutura de Diretórios.[7] A seguir, apresentamos a disposição mais relevante:

- /data: Este diretório armazena os dados dos aplicativos e as configurações pessoais dos usuários. Nele são guardadas informações como fotos, mensagens e outros dados associados aos aplicativos instalados no dispositivo;
- /dev: Funciona como um ponto de acesso aos dispositivos de hardware, como discos, teclados e câmeras, permitindo que o sistema operacional interaja diretamente com esses componentes;
- /mnt: Usado para montar sistemas de arquivos, normalmente externos, como dispositivos USB ou cartões SD. Este diretório organiza o acesso a diferentes dispositivos de armazenamento;
- /proc: Reúne informações sobre o kernel e os processos em execução no sistema. Este diretório é virtual e não ocupa espaço físico, servindo como uma interface para acessar dados sobre o estado do sistema;
- /sdcard: Representa o armazenamento externo onde você pode guardar arquivos pessoais, como músicas e fotos. Em dispositivos modernos, este diretório pode estar localizado na memória interna, mas ainda serve como um local para armazenar dados pessoais;
- /storage: Gerencia o armazenamento interno e externo, organizando os volumes montados para facilitar o acesso a arquivos de mídia e outros dados armazenados;
- /sys: De forma geral, este diretório é semelhante ao /proc, pois é usado para interação com o hardware do dispositivo, fornecendo informações em tempo real sobre dispositivos conectados;
- /system: Armazena os arquivos essenciais do sistema operacional. Estes arquivos são importantes para o funcionamento do dispositivo e não podem ser modificados pelo usuário sem permissões especiais;
- /vendor: Contém arquivos e bibliotecas específicos para o hardware do dispositivo, permitindo a integração do Android com componentes físicos como sensores, câmeras e processadores específicos de cada fabricante ou modelo.

---

6. O ext4, sucessor dos sistemas de arquivos ext2 e ext3 no Linux, combina melhorias significativas em desempenho, confiabilidade e capacidade de armazenamento, suportando volumes de até 1 EB e arquivos de até 16 TB, o que o torna ideal para sistemas modernos e de grande escala.
7. LINUX, 2022. Como funciona a estrutura de diretórios no Linux? Disponível em: https://www.certificacaolinux.com.br/diretorios-linux/#:~:text=Existem diversas estruturas de diretórios,comandos específicos que os identificam. Acesso em: 13 ago. 2024.

A estrutura de diretórios no sistema Android não é fixa nem tampouco imutável. Ela pode variar conforme o fabricante ou até mesmo de acordo com o modelo. Isso significa que, embora existam diretórios comumente encontrados e desempenhando funções fundamentais, outros diretórios podem surgir, adaptados às necessidades específicas de determinados dispositivos ou versões do Android.

O Android gerencia o armazenamento de forma a assegurar que somente os aplicativos e o sistema possam acessar as informações necessárias, garantindo a segurança e a privacidade dos dados. O sistema é projetado para preservar suas informações e assegurar que cada aplicativo tenha acesso apenas aos dados que lhe foram autorizados.

Compreender a arquitetura do Android e a organização de seus arquivos é fundamental para entender como os dispositivos funcionam e como os dados são gerenciados. Esse conhecimento é essencial para quem trabalha com a análise forense de dispositivos móveis, pois oferece uma visão clara de como as informações são organizadas e acessadas.

3. FERRAMENTAS E TÉCNICAS DE PERÍCIA

A perícia em dispositivos móveis, especificamente em sistemas Android, exige o uso de ferramentas especializadas e técnicas bem estabelecidas para a obtenção e análise de dados, que se baseiam nas mais sólidas práticas vigentes no âmbito da computação forense e perícia digital. Essas ferramentas e métodos são de grande importância para preservar a integridade das evidências e garantir que os resultados obtidos possam ser usados em processos judiciais de forma segura.

Um dos principais recursos é o ADB, uma ferramenta nativa do sistema Android, amplamente utilizada no campo da perícia digital. Ela serve como elo de ligação entre o dispositivo e o computador, permitindo uma comunicação eficiente para realizar diversas tarefas essenciais durante uma investigação forense. Muitas das ferramentas populares de perícia, como o Avilla Forensics e o Cellebrite, utilizam o ADB como uma ponte para a extração de dados. Isso ocorre porque o ADB oferece acesso direto ao sistema operacional Android. Isso permite o envio de comandos para explorar informações como dados de aplicativos, registros de chamadas e mensagens. Além disso, é possível realizar capturas de tela ou gravar logs de atividades do dispositivo. Com o ADB, é possível extrair e acessar dados de usuário, como fotos, mensagens e contatos, sem a necessidade de root. No entanto, em dispositivos com root habilitado, o ADB pode também ser utilizado para extrações mais profundas, acessando dados que normalmente estariam inacessíveis por outras ferramentas.

Por ser uma ferramenta nativa do Android, o ADB também é integrado em muitas soluções de software forense, servindo como base para vários processos automáticos de coleta e análise de dados. Mesmo que os investigadores utilizem interfaces gráficas ou ferramentas mais avançadas, muitas dessas operações estão, em última instância, utilizando o ADB para interagir com o dispositivo. Portanto, o ADB é não só uma ferramenta essencial, mas também o eixo de grande parte das técnicas de perícia em dispositivos Android, tornando-o um elemento indispensável para qualquer investigação digital que envolva esse sistema operacional.

4. FERRAMENTAS POPULARES PARA ANÁLISE DE DISPOSITIVOS ANDROID

No contexto da análise forense de dispositivos Android, existem diversas ferramentas que auxiliam os peritos a acessar, extrair e analisar os dados de maneira eficiente. Essas ferramentas foram desenvolvidas especificamente para contornar as particularidades do sistema Android, como sua estrutura de arquivos, permissões e segurança. A escolha da ferramenta ideal depende das circunstâncias do caso, do tipo de dispositivo e do estado em que ele se encontra (bloqueado ou desbloqueado, por exemplo). A seguir, veremos algumas das principais ferramentas e técnicas utilizadas por peritos para a extração de dados.

Algumas das ferramentas mais populares incluem:

- *IPED – Indexador e Processador de Evidências Digitais*: É uma ferramenta robusta, desenvolvida pela Polícia Federal do Brasil, amplamente utilizada para a análise de dispositivos digitais. Escrito em Java, o IPED se destaca por sua interface intuitiva e suas capacidades de processamento de grandes volumes de dados, incluindo a extração e análise de metadados, restauração de imagens e identificação de padrões. O IPED permite processar os dados extraídos de uma forma muito mais amigável, facilitando significativamente a análise das evidências disponíveis. Ele segue padrões internacionais, permitindo que as evidências sejam validadas de acordo com os padrões legais vigentes, o que é crucial para garantir a integridade de provas digitais.

- *Avilla Forensics*: Desenvolvida pelo policial civil Daniel Avilla, esta ferramenta se especializa na análise de dispositivos móveis, oferecendo métodos eficazes para extração e recuperação de dados. Utilizada por diversas forças de segurança, a ferramenta é empregada em investigações que exigem precisão na análise de evidências, inclusive por forças da lei em diversos países.

- *Alias Extractor*: Desenvolvido pelo delegado Cristiano Ribeiro Ritta da Polícia Civil do Rio Grande do Sul, o Alias Extractor é uma ferramenta essencial para a extração de dados de dispositivos Android, com foco na coleta de informações do WhatsApp. Inicialmente criado para suprir uma necessidade interna da Polícia Civil, o Alias Extractor está disponível também para outros operadores das forças da lei e peritos devidamente identificados. Seu principal objetivo é agilizar e fortalecer o processo investigativo, especialmente em situações que demandam a extração rápida e precisa de dados. O Alias Extractor também integra ferramentas complementares, como o *STEL*, que transforma planilhas de quebra de sigilo telefônico em mapas intuitivos e navegáveis, e o *Transcriber*, que utiliza inteligência artificial para transcrever áudios e vídeos, acelerando a análise de dados multimídia. Esse conjunto de ferramentas é amplamente utilizado por policiais e peritos em investigações no Brasil, proporcionando maior eficiência e rapidez em investigações variadas.

- *Cellebrite UFED – Universal Forensic Extraction Device*: Uma das ferramentas mais amplamente usadas no campo da perícia digital, o Cellebrite UFED permite a extração de dados de dispositivos Android (e outros sistemas) de forma rápida e eficaz. Ele oferece métodos de extração lógica e física, permitindo acesso a uma vasta gama de dados, incluindo contatos, mensagens, registros de chamadas, localização GPS e até mesmo dados deletados. Uma desvantagem em comparação com as ferramentas mencionadas é que o Cellebrite UFED é pago.

- *Magnet AXIOM*: Esta é uma ferramenta poderosa que facilita não apenas a extração de dados, mas também a análise detalhada dos mesmos. Ela é particularmente útil para a análise de atividades em aplicativos, redes sociais, e-mails e histórico de navegação. O Magnet AXIOM possui funcionalidades que ajudam a construir uma linha do tempo com base nas atividades do dispositivo, permitindo uma compreensão detalhada dos eventos que ocorreram. Assim como o Cellebrite UFED, ela também é paga.

- *Oxygen Forensic Detective*: Outra ferramenta popular e robusta para a análise de dispositivos Android. Oferece métodos de extração altamente eficazes na recuperação de dados, incluindo informações de aplicativos de terceiros, como WhatsApp, Facebook e Instagram, que frequentemente servem como fontes importantes de evidências. Assim como as duas ferramentas anteriores, seu uso é pago.

- *Autopsy*: Embora inicialmente projetado para a análise de computadores, o Autopsy tem extensões que permitem a análise forense de dispositivos Android. O uso do Autopsy é especialmente comum em análises de nível básico, sendo uma opção gratuita e de código aberto, adequada para laboratórios forenses com restrições orçamentárias.

Essas ferramentas, combinadas com uma sólida compreensão do sistema Android, capacitam os peritos a obter dados valiosos, mesmo em casos complexos, onde o dispositivo pode estar danificado ou com restrições de segurança, como criptografia.

5. MÉTODOS DE EXTRAÇÃO DE DADOS

A extração de dados de dispositivos Android pode ser realizada de várias maneiras, dependendo do estado do dispositivo e do tipo de informação a ser coletada. Existem três métodos principais de extração:

- *Extração Lógica*: Um dos métodos mais comuns e menos invasivos. Esse método utiliza os protocolos e interfaces do sistema operacional para coletar dados disponíveis na memória ativa do dispositivo. A extração lógica obtém informações como contatos, mensagens de texto, registros de chamadas, histórico de navegação e lista de aplicativos. No entanto, esse método geralmente não permite a recuperação de dados excluídos ou armazenados em áreas mais profundas da memória do dispositivo, exceto em casos em que são utilizadas ferramentas específicas, que, no entanto, não garantem o sucesso da extração.

- *Extração Física*: É uma técnica mais avançada, que envolve a cópia completa de todo o conteúdo da memória do dispositivo. Com essa técnica, os peritos conseguem acessar dados que foram excluídos, fragmentos de arquivos e áreas inacessíveis via extração lógica. A extração física é particularmente útil em investigações que requerem uma análise completa e exaustiva, pois permite a reconstrução de arquivos deletados e a análise de dados em nível de setor. *Essa técnica tem sido progressivamente abandonada*, pois os dispositivos mais recentes dificultam ou impedem tal extração, restando à extração lógica a obtenção dos resultados mais promissores.

- *Extração de Imagem*: A extração de imagem refere-se à criação de uma cópia bit a bit (setor a setor) do sistema de arquivos e da memória do dispositivo. Essa técnica é frequentemente usada para preservar uma cópia exata dos dados, garantindo que a análise possa ser feita de forma forense sem comprometer a integridade das evidências. A imagem criada pode ser analisada posteriormente, sem a necessidade de acessar o dispositivo diretamente. *Essa abordagem* é especialmente valiosa em investigações que requerem múltiplas análises ou a validação de resultados por *peritos independentes*.

Cada um desses métodos de extração oferece diferentes níveis de acesso e profundidade de dados. A escolha do método depende da complexidade do caso, da urgência e das condições do dispositivo, como se está bloqueado ou danificado. Muitas vezes, uma combinação de extração lógica e física é usada para garantir a maior quantidade de informações possíveis.

Durante o processo de perícia, é essencial que os procedimentos de extração e análise de dados sigam rigorosos protocolos de cadeia de custódia para garantir que as evidências não sejam comprometidas. Qualquer alteração ou dano aos dados pode inviabilizar o uso dessas informações em processos judiciais. Portanto, o uso de ferramentas adequadas e a escolha do método correto de extração são de suma importância para o sucesso de uma análise forense em dispositivos Android.

Além disso, os peritos devem estar atentos aos avanços tecnológicos no sistema Android, que frequentemente introduzem novas camadas de segurança, como criptografia de dados, e mecanismos para proteger a privacidade do usuário. Também existem aplicativos focados em segurança, que muitas vezes dificultam ou até mesmo impedem a extração de evidências essenciais para o andamento de um processo. A perícia precisa, portanto, estar em constante evolução, adaptando-se aos avanços tecnológicos e exigências legais.

6. PROCEDIMENTOS DE COLETA DE DADOS EM DISPOSITIVOS ANDROID

A coleta de evidências digitais é considerada um dos pilares fundamentais e mais sensíveis da perícia digital, exigindo uma abordagem rigorosa para assegurar que as evidências sejam adequadamente preservadas e analisadas. A integridade dos dados e seu valor probatório devem ser cuidadosamente mantidos, de modo a não comprometer sua autenticidade ou admissibilidade jurídica. O processo envolve uma série de etapas estruturadas, cada uma desempenhando um papel essencial na preservação da cadeia de custódia e na manutenção da validade forense dos dados coletados.

A coleta de dados forense é classificada em dois tipos principais: live[8] e post mortem[9], definidos com base no estado do dispositivo ou sistema analisado. A coleta live ocorre enquanto o dispositivo está ativo e, nesse cenário, é imprescindível que ele permaneça ligado. Uma premissa fundamental na perícia digital estabelece que, caso o equipamento esteja funcionando, não deve ser desligado, pois dados críticos e voláteis, como processos em execução, conexões de rede, informações armazenadas na memória RAM[10] e cache de sistema, podem ser perdidos de forma irreversível. O cache, por exemplo, armazena dados temporários que podem incluir fragmentos de mensagens, dados de navegação ou registros de aplicativos, sendo essencial para a reconstrução de atividades recentes do usuário. Esse método é particularmente relevante em situações onde preservar informações temporárias, como credenciais ativas e logs de sessões abertas, é prioritário, uma vez que esses dados desaparecem imediatamente ao interromper o funcionamento do sistema.

Na coleta "post mortem", o procedimento ocorre em dispositivos desligados, e é importante ressaltar que eles não devem ser ligados. Isso ocorre porque iniciar o sistema pode alterar os dados armazenados ou ativar processos de autodestruição, criptografia ou sobrescrita de setores críticos do disco. Essa abordagem envolve a coleta de sistemas inativos, geralmente com o objetivo de analisar dispositivos de armazenamento (discos rígidos, SSDs,[11] pendrives), sistemas de arquivos e metadados (logs/registros de atividades) e recuperação de dados que podem ter sido excluídos ou ocultados.

Essas práticas são essenciais para garantir a integridade das evidências em uma investigação forense. Portanto, se o equipamento estiver ligado, mantenha-o assim para preservar dados voláteis, e se estiver desligado, não o ligue, para evitar alterações que possam comprometer as evidências.

---

8. Coleta de dados "live" consiste na captura de dados voláteis, como memória, processos ativos e conexões de rede existentes, enquanto o dispositivo está ligado, preservando informações que seriam perdidas ao desligá-lo.
9. Coleta de dados "post mortem" envolve a captura de dados de um dispositivo que já está desligado, analisando o armazenamento permanente, como discos rígidos, para preservar arquivos e informações estáticas.
10. Memória RAM (Memória de Acesso Aleatório) armazena dados temporários e voláteis do sistema operacional e dos programas em execução, sendo esvaziada ao desligar o dispositivo.
11. SSD (Solid State Drive) é um dispositivo de armazenamento que utiliza memória de estado sólido para armazenar dados de forma não volátil, oferecendo maior velocidade de leitura e gravação em comparação aos discos rígidos tradicionais, pois não possui partes móveis.

Tais cuidados são parte integrante das melhores práticas na investigação forense digital e contribuem para a validade jurídica das provas, além de garantir que os dados sejam preservados de forma íntegra para análise.

Porém, em dispositivos móveis, especialmente com o sistema Android, há uma particularidade importante: não é possível extrair dados de um celular sem ligá-lo. Embora existam métodos para extrair dados de um celular desligado, eles são mais invasivos e, por isso, desaconselhados. O armazenamento dos dados está diretamente vinculado ao funcionamento do sistema operacional, ao contrário de discos rígidos ou SSDs, onde a extração pode ser feita de forma isolada. Os dispositivos móveis exigem o carregamento do sistema ou, no mínimo, o acesso ao modo de boot ou recuperação para realizar a coleta de dados. Por isso, a orientação de "não ligar o dispositivo" precisa ser ajustada no caso de smartphones, especialmente Android, devido a alguns aspectos técnicos e de segurança.

Embora, em casos normais, a recomendação seja não ligar o dispositivo, em um celular Android desligado, é necessário ligá-lo controladamente para a coleta de dados. No entanto, essa ação deve ser feita com cautela e com o uso de ferramentas forenses adequadas. Se for inevitável ligar o dispositivo, recomenda-se fazê-lo em um ambiente seguro, utilizando uma ferramenta de bloqueio de rede (como uma bolsa de Faraday) para garantir que o dispositivo não tenha conexões ativas com redes externas (Wi-Fi, dados móveis, Bluetooth etc.), evitando modificações não autorizadas ou o acionamento remoto de funções de segurança.

Em muitos casos, é possível tentar acessar o modo de recuperação ou o modo de boot do dispositivo, sem carregar completamente o sistema operacional Android. Nesses modos, as ferramentas forenses podem extrair dados essenciais diretamente das partições do sistema, sem ativar processos do sistema Android que poderiam modificar ou criptografar informações.

Com o dispositivo ligado de forma controlada, ferramentas como Cellebrite UFED e Oxygen Forensic Suite permitem a extração de dados sem que o dispositivo funcione de maneira normal. Essas ferramentas acessam o armazenamento diretamente e realizam a coleta forense de dados, como o sistema de arquivos, o histórico de aplicativos (como redes sociais, chamadas, mensagens), os arquivos de mídia (imagens, vídeos, áudios) e os logs de atividades.

Se o dispositivo estiver criptografado, será necessário desbloquear o aparelho, seja via senha, PIN,[12] biometria ou com uma ordem judicial para obtenção dessas

---

12. PIN (Personal Identification Number) é um número de identificação pessoal, utilizado como uma senha numérica para autenticação em dispositivos eletrônicos e sistemas de segurança, protegendo o acesso a dados ou funcionalidades específicas.

informações. Em algumas situações, as ferramentas forenses podem realizar extração de dados a partir de backups, contornando a necessidade de desbloquear diretamente o dispositivo.

A premissa de "não ligar o dispositivo" não se aplica integralmente a dispositivos móveis Android. Ao contrário de discos rígidos e outros dispositivos de armazenamento, é necessário ligar o dispositivo para a extração de dados. O importante é fazê-lo de maneira controlada e com o uso de ferramentas e métodos forenses que protejam a integridade das evidências. Assim, o cuidado não é "nunca ligar o dispositivo", mas sim "ligar com cautela e controle", evitando alterações indesejadas e mantendo a segurança jurídica das provas. É crucial registrar cuidadosamente todas as ações realizadas após o funcionamento, para garantir a legitimidade da cadeia de custódia referente a todas as etapas da extração.

Outro ponto importante a considerar antes de iniciar a coleta de dados é garantir que nenhuma informação seja alterada. Medidas como a ativação do modo avião, para isolar o aparelho de qualquer conexão de rede (Wi-Fi, 3G, 4G ou 5G), devem ser adotadas imediatamente. Retirar o cartão SIM e desativar as conexões Bluetooth ou NFC também são práticas comuns para evitar qualquer comunicação que possa modificar as evidências armazenadas no dispositivo.

7. PROCEDIMENTOS DE COLETA E ANÁLISE

Existem várias formas de coleta de dados que podem ser aplicadas a dispositivos Android, cada uma adequada para diferentes cenários. Os principais métodos são:

- *Extração lógica*: Nesse procedimento, os dados acessíveis ao usuário, como contatos, mensagens e mídias, são coletados sem alterar o dispositivo. Esse tipo de coleta é geralmente realizado com o auxílio de ferramentas como o ADB (Android Debug Bridge), que permite a extração de dados de forma eficiente e segura, sem comprometer o sistema. *Não há alteração no sistema*, apenas leitura dos dados acessíveis. O ADB, conforme mencionado anteriormente, é uma ferramenta central para a comunicação entre o dispositivo e o software de perícia, podendo ser utilizado de forma independente de outras ferramentas.
- *Extração física*: A extração física acessa diretamente a memória do dispositivo, permitindo a recuperação de dados excluídos ou inacessíveis pela extração lógica. Esse processo é mais complexo e exige ferramentas específicas, como o Cellebrite ou o IPED, que podem realizar uma cópia bit a bit de toda a memória do dispositivo, incluindo dados fragmentados ou apagados. *O sucesso não é garantido*, mas pode ser tentado dependendo das circunstâncias do dispositivo.
- *Extração de imagem*: A criação de uma imagem de disco do dispositivo permite que os peritos façam cópias forenses completas para análise posterior, garantindo que a evidência

original permaneça intacta. Essa prática é particularmente importante para manter a cadeia de custódia e *permitir que o conteúdo seja analisado novamente*, se necessário, em auditorias futuras ou para garantir o contraditório e a ampla defesa.

8. FERRAMENTAS ESPECÍFICAS E SUAS FUNÇÕES

Várias ferramentas desempenham papéis essenciais nos procedimentos de coleta e análise. Além das já mencionadas, como o IPED, Avilla Forensics e Alias Extractor, outras soluções internacionais amplamente utilizadas incluem o Cellebrite UFED, uma das ferramentas mais populares. Ela permite tanto a extração lógica quanto física de dispositivos Android, além de oferecer funcionalidades avançadas de descriptografia e análise de dados apagados. Outra ferramenta de grande popularidade é o Magnet AXIOM, que se destaca pela sua capacidade de análise profunda de dispositivos móveis e é usada para construir uma visão mais abrangente dos dados armazenados, realizando correlações automáticas entre diferentes fontes de dados no dispositivo.

Entre todos os programas testados e utilizados até o momento, o Avilla Forensics é um dos que mais têm se destacado no mercado. Desenvolvido pelo policial civil Daniel Avilla, essa ferramenta tem ganhado destaque na área de perícia digital no Brasil, especialmente em investigações que envolvem a extração de dados de aplicativos amplamente utilizados, como o WhatsApp. A ferramenta se especializa em facilitar a extração de informações armazenadas em dispositivos Android, utilizando técnicas avançadas para acessar mensagens, registros de chamadas, mídias compartilhadas e outros dados do aplicativo.

Uma das principais vantagens do Avilla Forensics na extração de dados do WhatsApp é sua capacidade de acessar dados de forma eficiente, mesmo em cenários onde a extração convencional pode encontrar limitações. Ele coleta mensagens enviadas e recebidas, incluindo dados apagados ou ocultos, que muitas vezes podem ser cruciais em investigações criminais ou processos civis.

Além disso, o Avilla Forensics opera de forma alinhada com as normas forenses, garantindo que as extrações sigam procedimentos adequados de preservação de evidências, respeitando a cadeia de custódia e mantendo a integridade dos dados. Isso é especialmente importante em aplicativos como o WhatsApp, que frequentemente contém informações confidenciais e potencialmente incriminadoras, mas que também podem ser modificadas ou excluídas rapidamente.

O uso dessa ferramenta é, portanto, essencial em investigações que envolvem o WhatsApp, dado que o aplicativo é uma das principais fontes de prova em processos que envolvem comunicação digital, tanto em crimes comuns quanto em delitos mais complexos, como fraudes ou conspirações.

Portanto, a coleta de dados envolve uma combinação de cuidados na preservação da evidência, métodos adequados de extração e o uso de ferramentas específicas para garantir que todas as informações relevantes sejam obtidas de maneira confiável, respeitando os requisitos legais.

9. ANÁLISE DE DADOS

A análise forense de dados é considerada uma etapa crítica da perícia digital, na qual as informações coletadas são minuciosamente examinadas para identificar evidências relevantes, traçar eventos e elucidar atividades criminosas ou suspeitas. Esse processo exige uma combinação de técnicas que garantam tanto a integridade dos dados quanto a interpretação correta dos mesmos, levando em consideração a diversidade de informações que podem ser encontradas em um dispositivo Android. Como se costuma dizer: "Não existe uma receita de bolo para análise de dados". Cada caso é um procedimento isolado de busca por artefatos.

Nesta fase, são analisados os dados do sistema, com a verificação dos logs (registros), aplicativos em execução (ou já utilizados) e as configurações (atuais ou anteriores). A análise de dados do sistema começa pela avaliação dos registros do dispositivo, que contêm informações detalhadas sobre atividades e eventos do sistema. Esses logs podem revelar dados importantes, como horários de acesso a aplicativos, conexões de rede, falhas no sistema e até tentativas de modificação não autorizada. Cada interação registrada nesses arquivos pode fornecer pistas relevantes, especialmente quando o objetivo é traçar um histórico de uso ou identificar atividades suspeitas.

Além disso, a análise das configurações do sistema pode revelar ajustes personalizados feitos pelo usuário, que podem ter impacto direto no comportamento do dispositivo. Por exemplo, configurações de privacidade, permissões de aplicativos e preferências de conectividade podem ser investigadas para entender como o dispositivo foi utilizado durante um incidente ou mesmo após uma restauração de fábrica, cujo objetivo pode ter sido eliminar evidências. Aplicativos instalados também são analisados detalhadamente, buscando-se vestígios de uso ou abuso de funcionalidades que possam estar ligados a atividades ilegais, como aplicativos de comunicação, redes sociais ou ferramentas usadas para ocultar ou criptografar dados.

Outro aspecto fundamental da análise de dados é a recuperação de conteúdo excluído. Frequentemente, os usuários tentam apagar informações relevantes antes que um dispositivo seja apreendido. No entanto, com técnicas adequadas e o uso de ferramentas forenses avançadas, como o Cellebrite ou o Avilla Forensics, dados excluídos podem ser recuperados e/ou restaurados, dependendo de como e quando foram apagados. A recuperação de mensagens, fotos e arquivos deletados, mesmo que parcialmente, é essencial para reconstituir eventos e atividades.

Os dados excluídos não são simplesmente "apagados" do sistema; em muitos casos, eles permanecem em setores da memória até serem sobrescritos por novos dados, ou até que o próprio sistema utilize o espaço cujo conteúdo não é mais necessário. Além disso, esses dados podem permanecer armazenados em arquivos temporários ou em thumbnails.[13] Ferramentas de análise física ou lógica permitem a busca por fragmentos desses dados, oferecendo aos peritos a possibilidade de reconstruir conversas apagadas, fotos excluídas ou outras evidências críticas. O processo de interpretação desses dados é igualmente importante, pois mesmo fragmentos incompletos podem fornecer informações contextuais valiosas.

Por fim, temos a análise de aplicativos e dados específicos, que é, possivelmente, uma das partes mais investigadas em dispositivos Android. Aplicativos de comunicação, como WhatsApp e Telegram, são frequentemente alvos de investigações, uma vez que contêm vastos históricos de mensagens, chamadas, mídias compartilhadas e dados de localização. Além das comunicações, contatos, fotos, vídeos e dados de GPS armazenados no dispositivo fornecem informações essenciais para a análise do comportamento e da localização do usuário. No entanto, é importante lembrar que a obtenção dessas informações depende de vários fatores, ou seja, não é uma certeza, mas sim uma possibilidade. Como já mencionado, "não existe uma receita de bolo".

No entanto, a análise forense vai além da simples extração dos dados. Ferramentas como o Magnet AXIOM ajudam a consolidar informações provenientes de diferentes aplicativos e funcionalidades do dispositivo, permitindo que os peritos criem uma linha do tempo detalhada das atividades do usuário. Por exemplo, uma mensagem enviada pelo WhatsApp pode ser correlacionada com a localização GPS registrada no mesmo horário, fornecendo evidências mais robustas sobre a presença do suspeito em determinado local.

Outro exemplo é a criação de uma linha do tempo baseada no uso de aplicativos, que revela o comportamento de um indivíduo, como o horário provável em que ele dorme. Isso é feito ao observar os momentos em que aplicativos de mensagens, como WhatsApp, Telegram, Instagram e Facebook, deixam de enviar ou receber conteúdo, entrando em estado de espera. A ideia é que, ao monitorar quando essas atividades cessam, pode-se inferir que a pessoa parou de interagir com o dispositivo, o que pode coincidir com o momento em que foi dormir. Essa análise sugere que a pausa simultânea nas atividades desses aplicativos indica uma

---

13. É uma imagem em miniatura usada como pré-visualização de conteúdo digital, como vídeos, fotos ou documentos. Esse tipo de imagem é amplamente utilizado em plataformas de mídia para representar o conteúdo de forma compacta, facilitando a navegação e a escolha de itens a serem visualizados.

ausência de uso ativo, o que pode ser interpretado como um período de descanso ou sono. Esse é um exemplo de como o comportamento digital pode ser mapeado para entender os padrões de rotina de uma pessoa, especialmente em investigações que requerem a identificação de horários e atividades.

O processo de análise dos dados coletados exige uma abordagem cuidadosa, combinando técnicas de recuperação de dados, correlação entre aplicativos e a extração de informações que, quando integradas, podem fornecer uma imagem clara dos eventos. Esses dados, devidamente analisados e com a expertise do perito, têm o potencial de fornecer provas essenciais, tanto em investigações criminais quanto em processos civis.

10. DESAFIOS E CONSIDERAÇÕES LEGAIS

A análise de dados em dispositivos Android envolve diversos desafios técnicos e considerações legais que são fundamentais para o sucesso de uma investigação. No campo da perícia digital, a manipulação de dispositivos móveis exige não apenas conhecimento técnico, mas também um entendimento profundo das implicações jurídicas e éticas. É de extrema importância que o responsável por essas análises seja altamente qualificado, ou seja, um perito especializado em dispositivos móveis. O manuseio inadequado por uma pessoa não treinada pode comprometer a integridade das evidências, tornando-as inválidas em um processo judicial.

Os peritos são treinados para seguir procedimentos rigorosos, garantir a preservação dos dados e entender os impactos legais de cada ação durante a investigação. A expertise em ferramentas especializadas e em procedimentos forenses detalhados é essencial para evitar danos irreversíveis ao dispositivo, perda de informações ou adulteração de provas. Qualquer operação realizada de maneira inadequada pode não apenas inviabilizar a recuperação de dados, mas também comprometer a cadeia de custódia – um princípio jurídico que garante a integridade e autenticidade das evidências desde sua coleta até a análise final, mantendo-as disponíveis para futuras averiguações.

Segundo Ritta,[14] a cadeia de custódia é o processo de documentar o controle e acesso às evidências durante a investigação, assegurando sua rastreabilidade e integridade. Esse registro detalhado, exigido pelo Código de Processo Penal (art. 158), garante que as provas sejam autênticas e auditáveis durante o processo penal. Embora o tema seja amplamente discutido nos tribunais, o foco aqui é apenas

---

14. RITTA, C. R. ADB BOOK: *O guia definitivo da maior ferramenta hacking de android*. Porto Alegre, WB Educacional, 2023.

destacar a importância da cadeia de custódia para a aquisição e preservação de dados, sem entrar em decisões judiciais específicas.

Portanto, a manipulação de dispositivos móveis em contextos forenses deve ser realizada exclusivamente por profissionais devidamente treinados e certificados, que conheçam as melhores práticas e as ferramentas adequadas para extrair dados de maneira eficaz e legal.

Sem considerar a questão dos "profissionais qualificados", a perícia em dispositivos Android enfrenta uma série de obstáculos únicos devido à natureza aberta e variada da plataforma. Um dos principais desafios é a variação entre fabricantes e modelos. O Android permite que os fabricantes personalizem o sistema operacional, resultando em diferentes interfaces, funções e comportamentos. Essa heterogeneidade torna mais complexa a extração e análise de dados, pois as ferramentas precisam ser adaptáveis para lidar com as particularidades de cada dispositivo.

Outro desafio significativo é a criptografia de dados, que adiciona uma camada extra de dificuldade. Muitos dispositivos Android modernos utilizam criptografia complexa, o que impede o acesso direto aos dados sem a chave de decriptação. Esse problema se agrava em situações onde os suspeitos utilizam senhas fortes ou métodos de bloqueio adicionais, como biometria. Nesses casos, os peritos precisam recorrer a métodos mais avançados, como ataques de força bruta, que podem ser demorados e nem sempre garantem sucesso. Embora as ferramentas forenses estejam desenvolvendo soluções para contornar essas barreiras, o processo ainda é um dos maiores desafios na área de perícia digital.

Outro ponto crítico está relacionado ao armazenamento e recuperação de dados excluídos. A complexidade do sistema de arquivos do Android, combinada com a diversidade de métodos de exclusão de dados, exige que os peritos sejam altamente qualificados no uso de ferramentas forenses que possibilitem a recuperação de arquivos, mesmo aqueles deletados pelo usuário. No entanto, alguns dispositivos possuem mecanismos de destruição de dados que podem dificultar, ou até impedir, a recuperação total ou parcial dessas informações.

A perícia digital em dispositivos móveis também envolve considerações legais e éticas, que variam de acordo com a jurisdição e a natureza do caso. O respeito aos direitos fundamentais, como a privacidade e a proteção de dados pessoais, é uma preocupação central. A coleta de dados de um dispositivo sem o devido processo legal pode resultar em evidências inadmissíveis no tribunal, comprometendo todo o caso. Portanto, é essencial que as perícias sejam realizadas mediante autorização judicial, como em pedidos de quebra de sigilo telemático, que devem seguir rigorosos trâmites processuais.

A Lei 12.737/2012 dizia:

Art. 154-A. Invadir dispositivo informático alheio, conectado ou não à rede de computadores, *mediante violação indevida de mecanismo de segurança* e com o fim de obter, adulterar ou destruir dados ou informações sem autorização expressa ou tácita *do titular do dispositivo* ou instalar vulnerabilidades para obter vantagem ilícita.

Dois problemas: i) se o dispositivo não possuísse senha, não haveria violação indevida de mecanismo de segurança; ii) alguém que comprou o celular, sendo titular do dispositivo (com nota fiscal e comprovante de pagamento), poderia pedir a um perito para extrair todos os dados sem enfrentar nenhuma penalidade. Se uma esposa comprasse o celular para seu marido utilizar, ela poderia pegar o celular e disponibilizá-lo para uma perícia sem o consentimento do cônjuge. Agora, com a nova Lei 14.155/2021, isso, entre outras coisas, fica proibido.

Art. 154-A. Invadir dispositivo informático *de uso* alheio, conectado ou não à rede de computadores, com o fim de obter, adulterar ou destruir dados ou informações sem autorização expressa ou tácita *do usuário do dispositivo* ou de instalar vulnerabilidades para obter vantagem ilícita.

Notem que agora é referenciado o uso alheio, ou seja, tanto faz se há senha ou não; se o dispositivo não é seu, não pode mexer sem consentimento. Também ficou evidente que o usuário do dispositivo, e não mais o proprietário, deve autorizar a perícia (ou por meio de ordem judicial).

Além disso, é necessário garantir a cadeia de custódia, que consiste no conjunto de procedimentos adotados para preservar a integridade e autenticidade das evidências, desde sua coleta até a apresentação no tribunal. Qualquer desvio nessa cadeia, sem o devido registro e justificativa, pode comprometer a validade das provas e resultar em sua exclusão no processo judicial. Ferramentas de coleta e análise, como o ADB (Android Debug Bridge), desempenham um papel central ao garantir que os dados sejam extraídos de maneira correta, mantendo o rigor técnico necessário para a validade jurídica.

Outro aspecto relevante são os princípios éticos que norteiam a perícia digital. O uso de ferramentas invasivas ou técnicas que possam expor dados sensíveis e irrelevantes para o caso deve ser evitado. O perito deve manter a confidencialidade das informações e assegurar que os dados coletados sejam utilizados estritamente dentro dos limites da investigação e em conformidade com a legislação vigente.

A perícia em dispositivos Android apresenta uma série de desafios técnicos, desde a fragmentação do sistema operacional até questões relacionadas à criptografia e à recuperação de dados. Aliados a esses desafios, estão os requisitos legais e éticos que orientam o trabalho do perito. Garantir a conformidade com as normas legais, manter a integridade das evidências e respeitar os direitos fundamentais do indivíduo são partes essenciais desse processo, exigindo um elevado nível de conhecimento técnico e jurídico.

11. ESTUDOS DE CASO E EXEMPLOS PRÁTICOS

Na perícia digital, particularmente em dispositivos Android, o uso de *estudos de caso* e exemplos práticos constitui um método altamente eficaz para demonstrar as complexidades e obstáculos que surgem durante a coleta, análise e interpretação de dados. Esses estudos permitem observar, de forma concreta, como as técnicas e ferramentas discutidas são aplicadas em cenários reais, proporcionando uma compreensão mais clara de como as abordagens teóricas são adaptadas à prática forense. Em outras palavras, ao se deparar com casos reais, é possível perceber como as teorias se transformam em procedimentos práticos, revelando os desafios técnicos e as soluções adotadas pelos peritos.

Esses estudos não apenas ilustram a aplicação de ferramentas como o ADB ou o Avilla Forensics, mas também expõem as limitações, dificuldades e inovações que surgem ao lidar com dispositivos que possuem diferentes níveis de segurança e complexidade técnica. A análise de situações reais oferece aos profissionais a oportunidade de refinar suas técnicas com base em desafios concretos, elevando o nível de precisão e eficiência nas investigações futuras. Isso é particularmente relevante em casos complexos, como os de usucapião, direito de família e direito trabalhista, onde a linha do tempo e a análise de dados extraídos de dispositivos móveis foram fundamentais para esclarecer disputas jurídicas e fornecer provas críticas em julgamentos.

Vejamos agora alguns exemplos:

1. Caso de Usucapião: A linha do tempo que desmentiu a presença física de um indivíduo. Em um processo de usucapião, a alegação do sujeito baseava-se no fato de que ele residia continuamente no imóvel por um período ininterrupto, o que era necessário para consolidar seu direito à posse. No entanto, a perícia digital em seu dispositivo Android foi fundamental para demonstrar que ele não repousava no local onde alegava estar residindo. Através da análise da linha do tempo dos aplicativos de mensagens, como WhatsApp, Telegram, Instagram e Facebook, constatou-se que ele permanecia em outro local na maior parte do tempo, trocando mensagens e realizando atividades em horários incompatíveis com sua presença na propriedade em questão. O monitoramento dos horários de inatividade desses aplicativos, combinado com dados de GPS e outros registros, mostrou que o indivíduo repousava em outro local, não mantendo a continuidade de uso e posse do imóvel. Isso foi essencial para a decisão judicial.

2. Pensão Alimentícia: Fotos de estadias em hotel de luxo. Em um processo de pensão alimentícia, o pai alegava não ter condições financeiras para realizar o pagamento da pensão devida. No entanto, a perícia digital em seu dispositivo Android revelou fotos e registros de estadias em hotéis de luxo, comprovando que ele desfrutava de um estilo de vida incompatível com a alegação de dificuldades financeiras. A análise dos dados de aplicativos de redes sociais e a recuperação de fotos armazenadas no dispositivo foram fundamentais para desmascarar essa contradição. Além disso, a geolocalização dos registros de viagens, cruzada com as informações de aplicativos de reserva de hotel, foi utilizada como evidência para demonstrar sua capacidade financeira e justificar a adequação do valor da pensão.

3. Caso Trabalhista: A localização do funcionário contradiz sua alegação. Em um litígio trabalhista, o funcionário alegava que, em determinado período, estava trabalhando em um posto externo, fora da sede da empresa, com o objetivo de justificar horas extras e benefícios adicionais. No entanto, a análise forense de seu dispositivo Android, através dos registros de GPS e dados de aplicativos de localização, mostrou que ele estava no local de trabalho principal durante o período reclamado. Os locais que ele afirmava estar trabalhando eram, na verdade, destinos frequentes em seus momentos de lazer, principalmente aos finais de semana, comprovados por metadados e busca reversa das fotos que ele registrou.

A linha do tempo de sua movimentação, extraída de aplicativos como Google Maps e dados de geolocalização do sistema Android, foi decisiva para provar que ele não estava onde alegava. Conexões em redes Wi-Fi também corroboraram essa conclusão. Esse cruzamento de informações invalidou sua alegação, resultando em uma decisão judicial favorável à empresa.

Sobre exemplos práticos, utilizando o protocolo ADB (Android Debug Bridge), após o preparo do dispositivo a ser periciado – ou seja, colocando o dispositivo em modo desenvolvedor e/ou modo programador – é possível obter informações valiosas para o deslinde de um processo. Vejamos alguns casos reais:

Caso ocorrido em 10/08/2022: Um celular foi utilizado em um delito e posteriormente apreendido para perícia. O dispositivo apresentava indícios de que havia sido executada a função de restauração de fábrica. O comando utilizado para detectar essa manobra foi o seguinte:

adb shell dumpsys | find/i "geo_time_zone_database"

Esse comando lista o banco de dados utilizado para gerenciar o fuso horário (Figura 01), criado no momento da restauração do dispositivo. No exemplo, constatou-se que o celular foi restaurado em *14.08.2022, às 16:25:53Z* (13:25:53 GMT -03:00), comprovando que o réu havia ocultado informações relevantes para o caso.

Figura 01. Criada por Marcos Silva em 18.03.2024.

Existem outros comandos que variam de acordo com o fabricante e o modelo do dispositivo. No caso de um Motorola Moto G200, o seguinte comando foi utilizado:

adb shell dumpsys

Esse comando executa o dumpsys[15] completo do dispositivo. A partir daí, é possível localizar o pacote com.google.android.setupwizard (Figura 02), onde são exibidas a data e a hora da execução do assistente inicial do Android, que corresponde ao momento em que o celular foi restaurado. No exemplo, o dispositivo foi restaurado em *14/08/2022, às 13:25:40*.

```
Package com.google.android.setupwizard:
  READ_CONTACTS (allow):
    null=[
      Access: [top-s] 2022-08-14 13:25:40.147 (-692d10h48m40s246ms)
    ]
```

Figura 02. Criada por Marcos Silva em 06.07.2024.

Outra situação que chamou a atenção ao longo do tempo foi um caso em que os dados não apareciam nos caminhos convencionais, mas um comando utilizado para resumir os tipos de conteúdo indicava o contrário. O comando utilizado foi:

adb shell dumpsys diskstats

No resultado (Figura 03), foi possível confirmar que havia mais de 21 GB de fotos, embora essas imagens não estivessem visíveis nas pastas usuais. Isso indicava que os arquivos estavam ocultos no dispositivo.

```
App Size: 17205749760
App Data Size: 147893859116
App Cache Size: 7222005760
Photos Size: 22669672448
Videos Size: 85297725440
Audio Size: 2493186048
```

Figura 03. Criada por Marcos Silva em 06/07/2024.

O comando que de fato localizou algo concreto nesse caso foi o seguinte:

---

15. É a coleta de informações detalhadas de um dispositivo Android em tempo real, como o estado da memória, bateria e processos ativos, fornecendo um relatório abrangente do sistema para fins de diagnóstico e investigação forense.

adb shell find '/sdcard/' -iname '*.*'|find/i "proposta"|find/i "Pedro"

O resultado desse comando trouxe vários arquivos no formato JPG, que continham uma proposta de golpe direcionada a uma pessoa chamada "Pedro". Vale ressaltar que "Pedro" foi um nome fictício utilizado para não revelar o real teor do conteúdo investigado na época.

Um exemplo clássico de quebra da cadeia de custódia, sem motivo aparente, facilitou significativamente a defesa do réu em um caso de perícia digital. O incidente envolveu um celular apreendido para análise pericial, mas que, durante o período em que estava sob custódia das autoridades, foi indevidamente ligado. Ao ser ativado sem a devida justificativa ou procedimento técnico adequado, a integridade dos dados do dispositivo foi comprometida. Esse ato permitiu à defesa argumentar que a preservação das evidências não foi respeitada, já que qualquer alteração no estado do aparelho, como a simples ligação, pode gerar novos dados ou modificar os já existentes, comprometendo a validade das informações extraídas. A falta de uma explicação clara para a quebra da cadeia de custódia permitiu à defesa contestar a autenticidade e confiabilidade das provas apresentadas, enfraquecendo o caso da acusação.

A descoberta dessa quebra foi possível por meio do seguinte comando:

adb shell getprop persist.sys.boot.reason.history

O resultado (Figura 04) exibe as três últimas vezes em que o celular foi inicializado, seja por intervenção humana ou por um processo automático. A inicialização pode ser categorizada da seguinte forma: 'cold', 'powerkey', e um valor de Unix Timestamp.

- 'Cold' refere-se a uma reinicialização completa do dispositivo, que reinicia todos os sistemas e processos, geralmente causada por uma reinicialização forçada ou desligamento completo.
- 'Powerkey' indica que a inicialização ocorreu pela intervenção humana, ou seja, ao pressionar manualmente o botão de liga/desliga.
- O valor '1726499678' corresponde a um Unix Timestamp, que é uma representação do tempo em segundos desde 1º de janeiro de 1970 (UTC). Convertendo esse valor, obtemos a data de *16.09.2024, às 12:14:38 (GMT -03:00)*.

```
reboot,1727639518
reboot,unattended,mainline_update,1726548251
cold,powerkey,1726499678
```

Figura 04. Criada por Marcos Silva em 06.07.2024.

Essa informação é essencial para a perícia, pois permite verificar quando e de que forma o dispositivo foi ligado ou reinicializado, sendo um indicativo importante para avaliar a integridade do aparelho e determinar se houve interferência indevida, como a tentativa de acessar ou alterar os dados do dispositivo durante sua custódia.

Uma outra técnica que fortalece evidências relacionadas à geolocalização é a coleta de dados de redes Wi-Fi. Essa técnica tem o potencial de revelar informações importantes sobre os trajetos percorridos pelo dispositivo, utilizando ferramentas de OSINT (Open Source Intelligence), como o Wigle, um projeto colaborativo que coleta e disponibiliza informações sobre redes Wi-Fi em escala global. O Wigle funciona com a participação de voluntários que, por meio de dispositivos móveis, capturam dados de redes sem fio encontradas ao redor do mundo e os enviam para o banco de dados do projeto, contribuindo para o mapeamento detalhado de redes Wi-Fi em diferentes locais.

Quando um dispositivo Android se conecta ou tenta se conectar a redes Wi-Fi, ele armazena uma lista dessas redes, juntamente com detalhes como SSID (nome da rede), BSSID (endereço MAC do ponto de acesso) e a força do sinal. Esses dados podem ser extraídos durante a perícia e, com o uso de ferramentas de OSINT como o Wigle, é possível realizar buscas detalhadas sobre a localização geográfica das redes Wi-Fi encontradas. Ao cruzar as informações de redes Wi-Fi coletadas no dispositivo com a base de dados do Wigle, os peritos podem rastrear os locais por onde o dispositivo passou. Isso pode ser extremamente útil em investigações digitais, permitindo identificar possíveis rotas, locais frequentes ou até mesmo onde o dispositivo esteve em determinados momentos.

Por exemplo, se uma rede Wi-Fi encontrada no dispositivo tiver sido registrada no Wigle em uma localização específica, isso pode indicar que o dispositivo esteve próximo dessa área, ajudando a reconstruir a movimentação do usuário.

Essa técnica complementa outras formas de geolocalização empregadas na perícia digital, como coordenadas de GPS ou registros de antenas de telefonia, ampliando as possibilidades de rastreamento e fortalecendo o valor probatório das evidências. A utilização de redes Wi-Fi, em vez de ser uma informação isolada, funciona como um elemento corroborativo, que agrega valor às informações já obtidas. Ao combinar múltiplos dados, como as conexões de redes Wi-Fi detectadas e os registros de localização do dispositivo, o perito é capaz de construir um quadro mais abrangente e confiável, consolidando a força das evidências analisadas.

Dessa forma, a inclusão das redes Wi-Fi no processo investigativo proporciona não apenas mais detalhes sobre o histórico de deslocamento do dispositivo, mas também contribui para a convergência de provas, reforçando a credibilidade e a consistência das informações utilizadas no contexto forense.

No exemplo a seguir, uma foto foi encontrada relacionada a um local onde a pessoa alegava nunca ter estado. No entanto, após análise, foi detectado que o celular dessa pessoa já havia estado no local quando registrou a negação ao tentar se conectar a uma rede Wi-Fi. O comando para listar as redes Wi-Fi com as quais o dispositivo teve contato e/ou estavam visíveis é:

"adb shell dumpsys wifi"

Como o conteúdo completo desse comando pode ser extenso e complexo, é possível filtrar as informações utilizando a seguinte sintaxe:

adb shell dumpsys wifi | find/i "mBlocklistedSsids:"

O resultado mostra uma rede chamada "4Beer" (Figura 05), cuja referência foi encontrada em uma foto armazenada no dispositivo (Figura 06). A rede "4Beer" está listada na seção mBlocklistedSsids porque o dispositivo Android evitou ou bloqueou a conexão com ela por algum motivo, como falhas contínuas de conexão, segurança considerada insuficiente ou potencialmente perigosa, configurações automáticas do sistema que priorizam redes de melhor qualidade, ou por opção do próprio usuário.

```
mBlocklistedSsids: 4Beer - Cerveja & Cultura, Tembiu_Bistro, Wifi McDonalds Free, ROSAMOS
CHETTA_CLIENTES, HP-Print-EB-LaserJet 1102, NISSUL GALA | CLIENTES, Cafe Daiane, ST-DMG198
6, Espaco Original Canoas Clientes, WiFi - ULBRA, Cliente_RAIA, ASUN CLIENTES, Moradores,
TRT4-Visitantes, #NET-CLARO-WIFI, RISSUL_COL, unilasalle, Katia Dihl Roithmann, Colombo Vi
sitantes, SETUP, ufrgs, Canoas_Shopping, HP78BEF5, Portthru, HPEF09DC, Intercity Sao Leopo
ldo, Transcal-24846, PORTOALEGRE-LIVRE, Clientes Bate Volta, Premiere NH Clientes, UNIDASU
L_GUEST, GRANMANGIAR_CONVIDADOS, LojasBenoit-Visitantes, ParkShoppingCanoas WiFi, TP-Link_
Extender}
```

Figura 05. Criada por Marcos Silva em 07/07/2024.

Figura 06. Criada por Marcos Silva em 07/07/2024.

Para listar todas as redes Wi-Fi às quais o dispositivo já se conectou, o comando utilizado seria o seguinte:

adb shell "dumpsys wifi | grep 'SSID:' | cut -d \"'" -f2"

O resultado será uma lista cujo tamanho varia conforme a quantidade de redes Wi-Fi às quais o dispositivo já se conectou.

Por fim, apresentamos um exemplo prático que ilustra como é possível, através de comandos específicos, verificar se um aplicativo, mesmo não visível na tela do dispositivo, ainda está em execução ou presente no sistema. Isso pode ser determinante para a análise forense, pois um aplicativo pode estar rodando em segundo plano sem o conhecimento do usuário, coletando ou transmitindo dados. Utilizando comandos como o ADB (Android Debug Bridge), é possível listar todos os aplicativos em execução, mesmo aqueles que não aparecem na tela, permitindo aos peritos identificar comportamentos suspeitos ou ocultos no dispositivo. Isso pode ser demonstrado com o seguinte comando:

adb shell pm list packages -3

Após uma análise mais detalhada, foi constatado que o package.fqelabxb. vejnyzrj correspondia a um spyware instalado no dispositivo móvel (Figura 07). Esse tipo de programa espião pode monitorar atividades e coletar dados sem o consentimento do usuário. Identificar pacotes maliciosos como esse é essencial para compreender o impacto e o nível de comprometimento do dispositivo.

```
C:\adb>adb shell pm list packages -3
package:com.rhapsody.vivomusica
package:com.google.android.apps.docs.editors.docs
package:com.whatsapp
package:com.google.android.apps.docs.editors.sheets
package:com.      e.android.apps.docs.editors.slides
package:com.      k.eng.vivo.app
package:com.      d.gametime.nba2011
package:br.c     .vivoprotege
package:net      gleandroid
package:co       aoteste
package:br.     icc.gigasecurity.gigamonitor
package:br.c    vo.meuvivoempresas
package:com.f    ook.katana
package:br.com  vivo
package:com.movile.android.appsvivo
package:com.fqelabxb.vejnyzrj
package:com.google.android.apps.magazines
```

Figura 07. Criada por Marcos Silva em 07.07.2024.

12. CONCLUSÃO

Conseguimos abordar em profundidade as diversas etapas e desafios relacionados à perícia digital em dispositivos Android, além de apontar as tendências futuras e inovações que moldarão esse campo nos próximos anos.

Ao longo do capítulo, discutimos os desafios técnicos e jurídicos enfrentados na perícia digital, especialmente no contexto de dispositivos Android. Esses desafios decorrem, em grande parte, da natureza aberta e fragmentada da plataforma Android, que varia significativamente entre fabricantes e modelos. A personalização do sistema operacional complica a coleta e análise de dados, exigindo ferramentas forenses adaptáveis e métodos rigorosos para manter a integridade das provas. Ferramentas como o ADB, o Cellebrite UFED, o Avilla Forensics e o IPED foram destacadas como centrais no processo de extração de dados, seja por meio de extração lógica, física ou de imagens de unidade de armazenamento, com ênfase na necessidade de garantir a cadeia de custódia para a admissibilidade das provas em processos judiciais.

No contexto da análise de dados, a perícia em dispositivos Android mostrou-se essencial em diversos cenários, como crimes financeiros, litígios trabalhistas e disputas familiares. Através de exemplos práticos, como o uso de linha do tempo digital para verificar a localização do usuário, foi possível ilustrar como a tecnologia forense pode esclarecer situações e fornecer evidências concretas em investigações. A recuperação de dados deletados e a análise de informações de aplicativos de comunicação, como WhatsApp, Telegram, Instagram e Facebook, também foram fundamentais para a resolução de vários casos complexos, demonstrando a relevância da perícia digital no cenário jurídico atual.

Em relação às tendências futuras, a evolução contínua da perícia digital aponta para a necessidade de adaptação frente às inovações tecnológicas. O uso de inteligência artificial (IA) na análise de dados é uma dessas tendências, onde a automação e o aprendizado de máquina podem acelerar o processo de análise e identificar padrões de maneira mais eficiente. Além disso, espera-se que as ferramentas forenses continuem a evoluir para lidar com criptografia avançada e dispositivos cada vez mais protegidos, garantindo a extração de dados sem comprometer a segurança ou a privacidade do usuário.

O crescente foco em segurança e privacidade também exigirá um maior rigor em conformidade com legislações como a LGPD, o que demandará dos peritos um cuidado adicional na coleta e tratamento dos dados. Outro ponto de atenção será a expansão da perícia digital para além dos smartphones, incluindo dispositivos IoT (Internet das Coisas), que estão cada vez mais presentes no cotidiano e armazenam dados sensíveis e valiosos para investigações.

Dessa forma, a perícia digital em dispositivos Android se revela um campo dinâmico e em constante evolução. Embora os desafios técnicos sejam grandes, o desenvolvimento de novas ferramentas e técnicas, aliado à capacitação contínua dos peritos, será essencial para enfrentar as demandas de um mundo digital em rápida transformação.

REFERÊNCIAS

ANDROID, 2024. *Android debug bridge (adb)*. Disponível em: https://developer.android.com/tools/adb?hl=pt-br. Acesso em: 24 set. 2024.

ANDROID, 2024. *Fundamentos de aplicativos*. Disponível em: https://developer.android.com/guide/components/fundamentals?hl=pt-br. Acesso em: 2 set. 2024.

FIGUEIREDO, J. R.; FRANÇA JÚNIOR, F. F. *Extração forense avançada de dados em dispositivos móveis*: técnicas aplicadas ao ambiente Android. Rio de Janeiro, BRASPORT Livros e Multimídia Ltda, 2022. v. 1. Conceitos, fundamentos técnicos, diretrizes, métodos e documentos legais.

LINUX, 2022. *Como funciona a estrutura de diretórios no Linux?* Disponível em: https://www.certificacaolinux.com.br/diretorios-linux/#:~:text=Existem diversas estruturas de diretórios,comandos específicos que os identificam. Acesso em: 13 ago. 2024.

MJSP, 2024. *Procedimento operacional padrão (POP). Informática forense*. Disponível em: https://www.gov.br/mj/pt-br/assuntos/sua-seguranca/seguranca-publica/analise-e-pesquisa/pop/pop-pericia-criminal-2024-informatica-forense-vol-5-pdf.pdf/@@download/file. Acesso em: 13 set. 2024.

RITTA, C. R. *ADB BOOK: O guia definitivo da maior ferramenta hacking de android*. Porto Alegre, WB Educacional, 2023.

WENDT, E.; JORGE, H. V. N. Perícia computacional e investigação de delitos informáticos: importância e desafios contemporâneos. In: BEZZERRA, C. S.; AGNOLETTO, G. C. *Combate ao Crime Cibernético*. Rio de Janeiro, Mallet Editora, 2016.

PERÍCIA EM COMPUTADORES

Viviane Ramos da Cruz

1. INTRODUÇÃO

1.1 Perícia computacional

A perícia computacional está em constante evolução, impulsionada pela crescente dependência da sociedade em dispositivos informáticos e pelo aumento das ameaças cibernéticas. Com o avanço da tecnologia, novas formas de crimes digitais surgem, tornando essencial que os profissionais se mantenham atualizados e adotem novas metodologias voltadas para investigações.

Entre os crimes digitais mais comuns, podemos citar fraudes financeiras, violações de sistemas, exfiltração de dados e acessos indevidos a informações confidenciais. No entanto, à medida que a sofisticação dos crimes cibernéticos cresce, a perícia computacional enfrenta o desafio de adaptar-se a um ambiente digital cada vez mais complexo.

Atualmente, não basta apenas entender o funcionamento de sistemas operacionais e softwares; é necessário dominar técnicas avançadas de recuperação de dados e análise de atividades ocultas em sistemas de arquivos. Ferramentas como Autopsy, Belkasoft X, IPED e Passware são exemplos de tecnologias utilizadas pelos peritos para realizar a aquisição, o processamento e a análise de informações de forma eficiente.

1.2 Legislações, normas e padrões

Se você é perito e já estudou legislações, cadeia de custódia, metodologias e procedimentos, este assunto pode parecer repetitivo e até evidente. No entanto, permita-me abordar este tema fundamental para aqueles que estão entrando em contato com ele pela primeira vez e desconhecem a estrutura detalhada que orienta nossas atividades, tornando-nos especialistas cuidadosos em assuntos específicos.

É essencial destacar a importância do conhecimento das normas, boas práticas e legislações que permeiam o campo da perícia digital. Essas diretrizes não apenas garantem a conformidade legal, mas também asseguram a integridade dos processos investigativos.

A seguir, apresento os principais regulamentos e normas que orientam a atuação da perícia computacional:

Normas e padrões

- *ISO/IEC 27001* – Sistema de Gestão de Segurança da Informação: Define requisitos para estabelecer, implementar, manter e melhorar continuamente um sistema de gestão de segurança da informação.
- *ISO/IEC 27002* – Código de Prática para Controles de Segurança da Informação: Oferece diretrizes e princípios para a implementação de controles de segurança da informação com base em boas práticas.
- *ISO/IEC 27037* – Diretrizes para Identificação, Coleta, Aquisição e Preservação de Evidências Digitais: Fornece orientações para a manipulação adequada de evidências digitais, garantindo sua integridade e autenticidade.
- *ISO/IEC 27042* – Diretrizes para a Análise e Interpretação de Evidências Digitais: Estabelece práticas recomendadas para a análise e interpretação de evidências digitais durante uma investigação.
- *ISO/IEC 27043* – Diretrizes para a Investigação de Incidentes de Segurança da Informação: Fornece orientações detalhadas para a condução de investigações de incidentes de segurança da informação de forma estruturada e eficaz.
- *NIST SP 800-86* – Guide to Integrating Forensic Techniques into Incident Response: Orienta a integração de técnicas forenses na resposta a incidentes de segurança, garantindo uma análise eficaz das evidências digitais.

Legislações Nacionais (Brasil)

- *LGPD – Lei Geral de Proteção de Dados* – Lei 13.709/2018: Estabelece regras para o tratamento de dados pessoais no Brasil, visando proteger a privacidade e os direitos dos titulares dos dados.
- *Marco Civil da Internet* – Lei 12.965/2014: Regula o uso da internet no Brasil, garantindo direitos aos usuários e estabelecendo diretrizes para a proteção de dados e privacidade online.
- *Lei Carolina Dieckmann* – Lei 12.737/2012: Criminaliza invasões de dispositivos informáticos e a divulgação indevida de dados pessoais, com penas específicas para esses crimes.
- *Código Penal Brasileiro* – Art. 154-A (Invasão de Dispositivo Informático): Tipifica como crime a invasão de dispositivo informático alheio mediante violação indevida de mecanismo de segurança, com intuito de obter, adulterar ou destruir dados.

Legislações Internacionais:

- *GDPR (General Data Protection Regulation)* – União Europeia: Regula o tratamento de dados pessoais na União Europeia, impondo obrigações rigorosas às organizações e protegendo os direitos dos cidadãos.

2. CONDUÇÃO DE PERÍCIAS EM COMPUTADORES

2.1 Visão das etapas na perícia digital

O quadro abaixo resume o processo de uma perícia digital e serve como guia para as principais atividades realizadas. Em seguida, exploraremos alguns dos tipos de análises comumente encontradas durante a perícia de computadores.

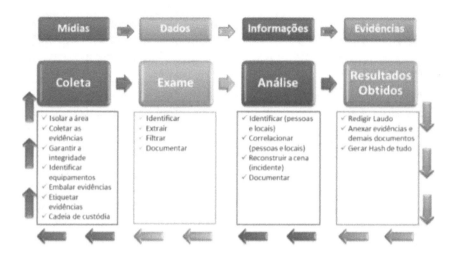

Figura 1 – Fonte: https://academiadeforensedigital.com.br/iso-27037-identificacao-coleta-aquisicao-e-preservacao-de-evidencia/

2.2 Visões sobre os diversos sistemas operacionais e de arquivos

A condução de perícias em computadores requer um entendimento abrangente sobre diferentes sistemas operacionais, como Windows, macOS e Linux. Cada sistema possui estruturas internas, formatos de arquivos e métodos de gerenciamento de dados distintos, o que exige um conhecimento aprofundado das particularidades de cada um. No quadro abaixo, apresentamos uma descrição dos tipos de sistemas de arquivos encontrados em alguns desses sistemas operacionais:

	NTFS	exFAT	FAT32	APFS
Introdução	1993 – Windows NT	2006 – Windows CE	1996 – Windows 95	2017 – macOS
Desenvolvedor	Microsoft	Microsoft	Microsoft	Apple
Compatibilidade	Principalmente sistemas Windows	Vários sistemas operacionais	Vários sistemas operacionais	macOS e dispositivos iOS
Tamanho máximo de Arquivo	16 EB (exabytes)	16 EB (exabytes)	4 GB	8 EB (exabytes)
Recursos Avançados	Permissões de arquivos, criptografia, compactação, journaling	Sem recursos avançados	Sem recursos avançados	Clonagem, criptografia, otimização para SSD
Journaling	Sim	Não	Não	Sim

	NTFS	**exFAT**	**FAT32**	**APFS**
Criptografia	Sim	Não	Não	Sim
Permissões de Arquivos	Sim	Não	Não	Sim
Uso Comum	Windows NT, Windows 10/11, servidores e desktops	Armazenamento em cartões SD e pen drives	Dispositivos de armazenamento removíveis, sistemas legados	macOS, iOS, e dispositivos Apple
Desempenho	Bom para grandes arquivos e partições, mas pode ser mais lento devido ao journaling	Melhor desempenho em comparação com FAT32 para arquivos grandes	Menor desempenho e recursos limitados, mas altamente compatível	Ótimo desempenho em dispositivos Apple e SSDs
Recuperação de Dados	Boa recuperação com ferramentas especializadas (como FTK Imager)	Boa recuperação, mas pode ter limitações devido à falta de journaling	Recuperação geralmente mais fácil, mas limitada a 4 GB por arquivo	Boa recuperação de dados devido ao journaling e outros recursos

Figura 2 – Tabela Comparativa de Sistemas de Arquivos

Essas diferenças impactam diretamente a maneira como os dados são armazenados, manipulados e recuperados durante uma investigação, tornando essencial o uso de ferramentas que se adaptem a essas variações sem comprometer a precisão da análise.

2.3 Avanços na análise forense com uso de ferramentas

Com a complexidade dos sistemas de arquivos modernos, enfrentamos o desafio de identificar e extrair informações críticas que podem estar disfarçadas ou apagadas. O *Autopsy* é uma das ferramentas que se destaca por sua capacidade de lidar com a diversidade dos sistemas operacionais durante uma perícia em computadores. Ele oferece suporte abrangente para análise de diferentes tipos de sistemas de arquivos, permitindo que os peritos conduzam investigações detalhadas, independentemente do ambiente em que as evidências estejam armazenadas.

Da mesma forma, temos outras ferramentas, como o Belkasoft Evidence Center X, que possui uma interface moderna e garante flexibilidade e facilidade no manuseio, facilitando os processos de aquisição, triagem e análise. Ambas as ferramentas possibilitam a interpretação de logs de sistema, registros de eventos e outros artefatos específicos de cada sistema operacional, como o registro do Windows ou o *dmesg* do Linux.

Outro destaque é o Passware, uma ferramenta essencial para quebras de senhas e descriptografia, frequentemente encontrada em dispositivos periciados, permitindo o acesso a artefatos protegidos por criptografia.

Ferramenta	Imagem	Tipo	Hardware | Software	Descrição
FTK (Forensic Toolkit)		Aquisição, Análise	Software	Usado para criar imagens forenses de dispositivos de armazenamento e analisar dados como e-mails, arquivos deletados, e logs de sistema.
Belkasoft Evidence Center X		Análise	Software	Ideal para análise de aplicativos de comunicação, recuperação de dados de memória volátil e análise de atividades de usuários em sistemas operacionais.
Autopsy		Análise	Software	Ferramenta de código aberto que suporta a análise de uma ampla gama de sistemas de arquivos, análise de e-mails e recuperação de dados de dispositivos móveis.
Cellebrite UFED e UFED Touch		Aquisição, Extração	Software e Hardware	Ferramenta líder para extração de dados de dispositivos móveis, permitindo a coleta de dados de sistemas operacionais iOS e Android.
Passware Kit Forense		Aquisição, Extração	Software	Ferramenta usada para descriptografar arquivos e discos criptografados, além de recuperar senhas de vários tipos de arquivos.
Arsenal Recon		Análise	Software	Focada na análise de artefatos de sistema operacional Windows, permitindo a recuperação de dados voláteis e análise detalhada de atividades do sistema.
IPED		Análise	Software	Ferramenta de código aberto utilizada principalmente para análise de dados em investigações forenses, com foco na indexação e busca de grande volume de dados
Tableau Forensic	opentext Tableau Hardware	Aquisição	Hardware	Dispositivo de hardware usado para criar imagens forenses de discos rígidos e SSDs de forma segura, garantindo a integridade dos dados coletados

Figura 3 – Tabela mostrando algumas ferramentas forenses

3. RECUPERAÇÃO DE DADOS

3.1 Recuperações de arquivos – *data carving*

Com o uso de ferramentas como Belkasoft Evidence Center X e até mesmo o Autopsy, é possível recuperar achados importantes utilizando a técnica de data carving. De forma resumida, o data carving é uma técnica usada para recuperar arquivos ou fragmentos de dados em dispositivos de armazenamento, buscando padrões de assinaturas de arquivos em seus cabeçalhos e rodapés. Dessa forma, podemos recuperar arquivos inteiros ou parte deles.

Alguns exemplos de padrões de assinaturas conhecidos:

Tipo de Arquivo	Hexadecimal	
	Cabeçalho (Header)	Rodapé (Footer)
JPG	FF D8 FF	FF D9
PNG	89 50 4E 47 0D 0A 1A 0A	49 45 4E 44 AE 42 60 82
PDF	25 50 44 46 2D	25 25 45 4F 46

Figura 4 – Alguns Padrões de Assinatura de Arquivos

Na sequência, podemos identificar o padrão de assinatura de um arquivo do tipo JPG, analisando sua estrutura em uma visão hexadecimal, o que nos permite confirmar o tipo de arquivo.

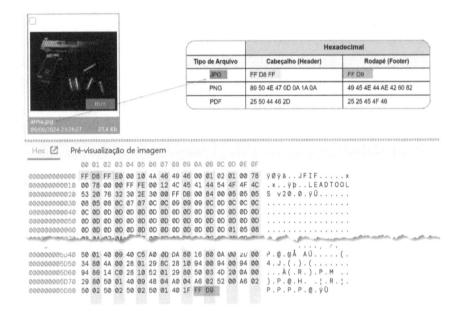

Figura 5 – Visão de um padrão de assinatura de uma imagem jpg

Em certos casos, a recuperação de dados por meio do data carving pode não restaurar o arquivo original de forma completa. Por isso, é essencial considerar a análise dos dados brutos sempre que necessário. Uma maneira eficaz de realizar essa análise é por meio da visualização em hexadecimal, como mencionado anteriormente.

A visualização hexadecimal pode parecer intimidante à primeira vista, muitas vezes sendo vista apenas como uma série de números aparentemente sem importância, ou até mesmo ilegíveis. No entanto, se essa é sua percepção, gostaria de apresentar uma nova perspectiva. A visualização hexadecimal pode revelar detalhes valiosos quando analisada com uma abordagem adequada.

Na análise a seguir, identificamos algumas URLs acessadas através do navegador Tor, utilizado para acessar conteúdos na deep web. Essas URLs fornecem uma prévia de uma página de negociação relacionada a uma invasão. Essa prévia pode ser visualizada diretamente na ferramenta Belkasoft X, utilizando a visualização hexadecimal, conforme demonstrado a seguir.

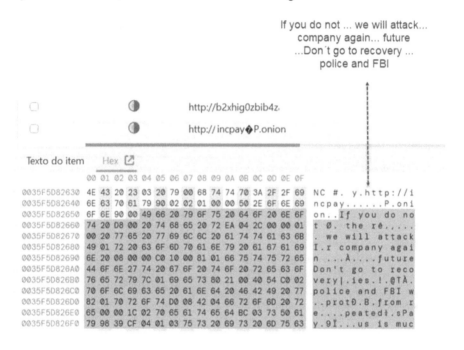

Figura 6 – Visualização Hexadecimal de um link acessado do Navegador Tor

3.2 Recuperações de dados de Discos Sólidos (SSD)

Os SSDs (Solid State Drives) armazenam informações em chips de memória flash, enquanto os HDDs (Hard Disk Drives) são discos rígidos tradicionais que utilizam um braço mecânico para ler e gravar dados em discos magnéticos. Ao comparar os dois, surgem dúvidas frequentes sobre a recuperação de dados e arquivos em SSDs. A recuperação é possível, mas com certas limitações, pois não há garantia sobre quais dados podem ser recuperados devido ao funcionamento particular dos SSDs.

A tabela a seguir apresenta uma comparação detalhada entre as principais características dos SSDs e dos discos rígidos, ajudando a compreender as diferenças no funcionamento desses dispositivos.

Característica		
Tecnologia de Armazenamento	Armazenamento magnético em discos giratórios	Armazenamento em chips de memória flash
Método de Leitura/Gravação	Braço mecânico lê e grava dados em discos magnéticos	Leitura e gravação eletrônica diretamente nos chips
Gerenciamento de Dados	Não possui técnicas avançadas de gerenciamento de dados	Utiliza técnicas como nivelamento de desgaste e coleta de lixo
Comando TRIM	Não aplicável	Comando TRIM remove blocos de dados inválidos de forma definitiva
Criptografia	Menos comum em modelos antigos; criptografia pode ser adicionada por software	Frequentemente criptografado por hardware para maior segurança
Recuperação de Dados	Dados deletados permanecem até serem sobrescritos; recuperação mais viável	Dados apagados pelo TRIM são permanentemente removidos; recuperação mais difícil
Velocidade	Geralmente mais lenta devido a partes mecânicas em movimento	Mais rápida devido à ausência de partes móveis e acesso direto aos chips

Figura 7 – Comparação entre HDDs e SSDs

4. PRINCIPAIS INVESTIGAÇÕES FORENSES EM COMPUTADORES

4.1 Categorias de artefatos recuperáveis em softwares forenses

Atualmente, dispomos de ferramentas que oferecem buscas mais rápidas em interfaces mais amigáveis e práticas, facilitando o trabalho de peritos que não utilizam ferramentas de linha de comando. Essas soluções proporcionam uma experiência mais intuitiva e eficiente, permitindo o acesso às informações de maneira simplificada. Além dos recursos visuais, é possível realizar buscas com palavras-chave de forma mais inteligente, superando a necessidade de pesquisar termo a termo, como será demonstrado nas imagens a seguir.

Uma visualização de uma imagem forense de um SSD, processada em uma ferramenta com interface gráfica, oferece uma visão macro dos artefatos recuperados. A partir dessa visão geral, podemos explorar de forma direcionada para encontrar evidências e itens relevantes para a perícia, como veremos a seguir ao navegar mais profundamente na estrutura dos artefatos.

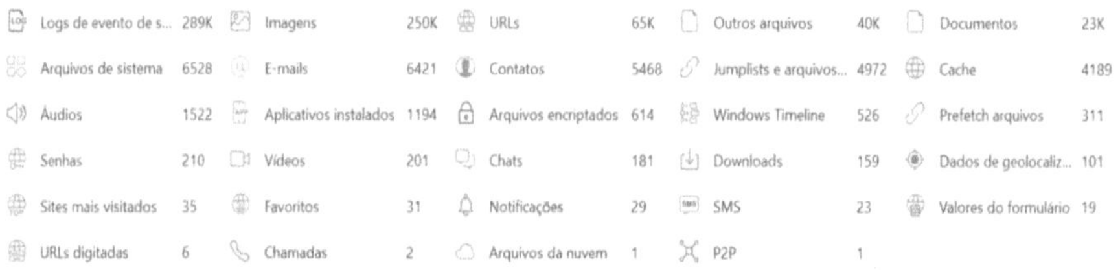

Logs de evento de s...	289K	Imagens	250K	URLs	65K	Outros arquivos	40K	Documentos	23K
Arquivos de sistema	6528	E-mails	6421	Contatos	5568	Jumplists e arquivos...	4972	Cache	4189
Áudios	1522	Aplicativos instalados	1194	Arquivos encriptados	614	Windows Timeline	526	Prefetch arquivos	311
Senhas	210	Vídeos	201	Chats	181	Downloads	159	Dados de geolocaliz...	101
Sites mais visitados	35	Favoritos	31	Notificações	29	SMS	23	Valores do formulário	19
URLs digitadas	6	Chamadas	2	Arquivos da nuvem	1	P2P	1		

Figura 8 – Processamento de uma imagem obtida no Belkasoft X

4.2 Artefatos úteis

Ao utilizar ferramentas forenses, é comum encontrarmos artefatos categorizados em diferentes estruturas de arquivos, muitas vezes com nomes que podem parecer pouco claros ou desconhecidos. Exemplos típicos no ambiente Windows incluem *Shellbags, Jumplists e Prefetch*, que são fontes importantes de informações. Embora esses artefatos sejam específicos do Windows, existem alternativas com funcionalidades semelhantes em outros sistemas operacionais, como macOS e Linux. A seguir, exploraremos alguns desses artefatos no Windows.

Shellbags são registros do Windows que armazenam informações detalhadas sobre os acessos, oferecendo insights sobre pastas e diretórios visualizados. Mesmo que arquivos e pastas sejam excluídos ou ocultados, os *Shellbags* podem ainda indicar a presença dessas informações, ajudando a descobrir dados que não podem ser recuperados diretamente, mas cuja existência pode ser revelada através desses registros. Essa análise é fundamental para recriar a linha do tempo das ações do usuário e identificar itens de interesse para a investigação.

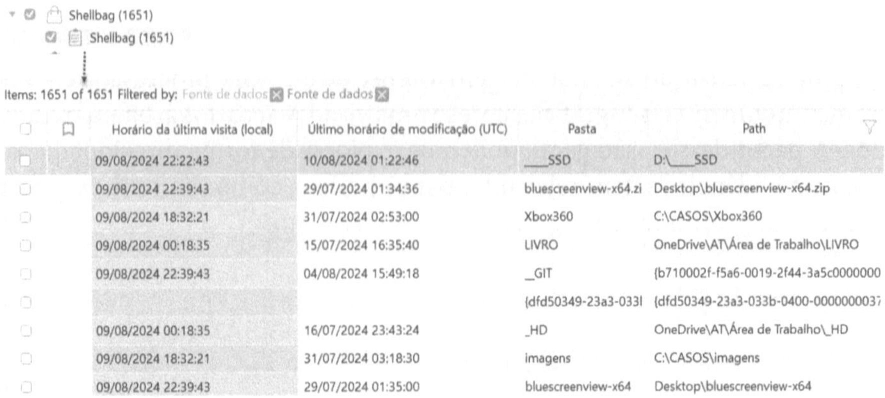
Shellbag (1651)
Shellbag (1651)

Items: 1651 of 1651 Filtered by: Fonte de dados Fonte de dados

Horário da última visita (local)	Último horário de modificação (UTC)	Pasta	Path
09/08/2024 22:22:43	10/08/2024 01:22:46	___SSD	D:___SSD
09/08/2024 22:39:43	29/07/2024 01:34:36	bluescreenview-x64.zi	Desktop\bluescreenview-x64.zip
09/08/2024 18:32:21	31/07/2024 02:53:00	Xbox360	C:\CASOS\Xbox360
09/08/2024 00:18:35	15/07/2024 16:35:40	LIVRO	OneDrive\AT\Área de Trabalho\LIVRO
09/08/2024 22:39:43	04/08/2024 15:49:18	_GIT	{b710002f-f5a6-0019-2f44-3a5c0000000
		{dfd50349-23a3-033l	{dfd50349-23a3-033b-0400-00000000037
09/08/2024 00:18:35	16/07/2024 23:43:24	_HD	OneDrive\AT\Área de Trabalho_HD
09/08/2024 18:32:21	31/07/2024 03:18:30	imagens	C:\CASOS\imagens
09/08/2024 22:39:43	29/07/2024 01:35:00	bluescreenview-x64	Desktop\bluescreenview-x64

Figura 9 – Visualização de Shellbags no Belkasoft X

Jumplist é um recurso do Windows que fornece uma lista de arquivos e pastas recentemente acessados ou comumente usados, associada aos aplicativos que os abriram. Essas listas são exibidas no menu de atalho quando o usuário clica com o botão direito no ícone do aplicativo na barra de tarefas ou no menu Iniciar. Por exemplo, se você abrir documentos no Microsoft Word, o Word criará uma Jumplist que exibe esses documentos recentes, permitindo acesso rápido. Mesmo que o documento esteja em uma unidade externa que não esteja mais conectada, a Jumplist ainda exibirá a referência ao arquivo. Isso pode ser útil para rastrear o histórico de acessos e identificar documentos utilizados, mesmo que o dispositivo de armazenamento não esteja mais disponível.

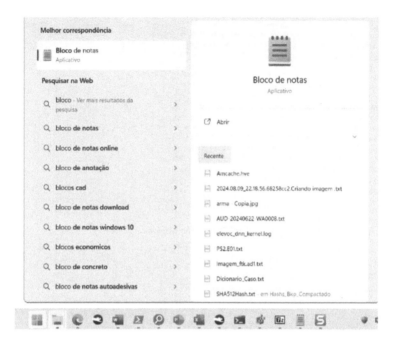

Figura 10 – Visualização de Jumplist diretamente na tela do computador

Jumplists e arquivos de link (4972)

Items: 169 of 4972 Filtered by: Fonte de dados Nome do arquivo Fonte de dados

Nome do arquivo	Horário de...	Path	Origem	Está apagado
Please do not modify the directory or file.txt	31/07/2024 17:35:54	My Computer\D:_JESSIKA_	Link do arquivo	Não
log.txt	31/07/2024 17:35:39	My Computer\D:_______O	Link do arquivo	Não
log.txt	31/07/2024 17:35:39	My Computer\D:_JESSIKA_	Link do arquivo	Não
Search by words from the file 'dicionario.txt'.xlsx	31/07/2024 16:54:31	My Computer\C:\CASOS\Re|	Link do arquivo	Não
dicionario.txt	31/07/2024 16:21:56	My Computer\C:\CASOS\dic	Link do arquivo	Não
image.log.txt	31/07/2024 16:08:14	My Computer\D:_______O	Link do arquivo	Não
image.log.txt	31/07/2024 16:08:14	My Computer\D:_JESSIKA_	Link do arquivo	Não
2024.07.16_11.14.19.a91c56d5.Analisando hash.	31/07/2024 15:48:15	My Computer\C:\Users\rcruz	Link do arquivo	Não

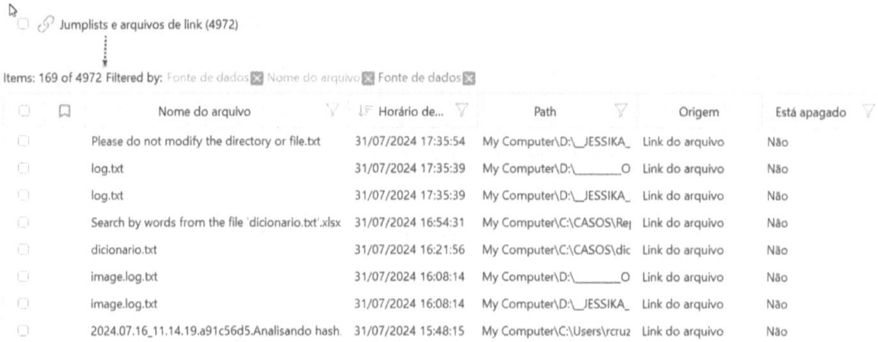

Figura 11 – Visualização de Jumplists no Belkasoft X

Prefetch é um mecanismo do Windows que melhora o desempenho do sistema ao acelerar a inicialização de aplicativos frequentemente usados. Quando o aplicativo é iniciado, o sistema operacional cria um arquivo pré-busca com a extensão .pf na pasta C:\Windows\Prefetch. Os arquivos prefetch fornecem informações detalhadas sobre os programas executados e o momento exato de sua execução. Desta forma, podemos identificar padrões de uso do usuário.

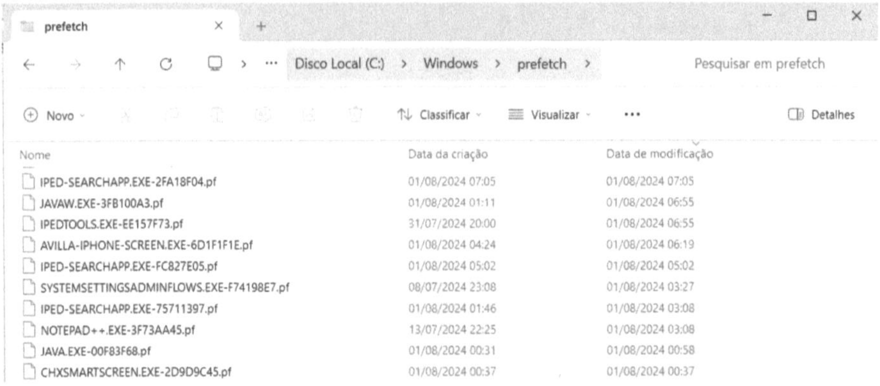

Figura 12 – Visualização de Prefetchs no Windows Explorer do Windows

Figura 13 – Visualização de Prefetch no Belkasoft X

5. SISTEMAS OPERACIONAIS MODERNOS E CRIPTOGRAFIA

Com a evolução dos sistemas operacionais, como Windows, macOS e Linux, os ambientes se tornaram cada vez mais complexos, incorporando novas camadas de segurança e métodos sofisticados de gerenciamento de dados. Essas melhorias aumentam a dificuldade de uma investigação, pois é essencial compreender detalhadamente como os dados são armazenados, acessados e protegidos. No entanto, ferramentas forenses facilitam a obtenção dessas informações ao utilizarem recursos avançados que superam algumas barreiras de permissões, como as atribuídas ao usuário administrador.

Por exemplo, o Autopsy proporciona uma visualização detalhada de arquivos e registros de sistema, incluindo a capacidade de examinar Prefetch e AmCache com uma análise profunda. O IPED contribui com suas capacidades de indexação para recuperar e organizar arquivos do sistema de forma estruturada, auxiliando na identificação de evidências, mesmo em ambientes complexos e de grandes volumes. O Belkasoft X, por sua vez, oferece uma interface gráfica intuitiva e funcionalidades avançadas para a análise de artefatos de sistemas, trabalhando bem com a interpretação de dados como Shellbags e Jumplists.

No que diz respeito à criptografia, a quebra em sistemas operacionais modernos é um aspecto importante para a recuperação de dados. Em casos como esse, o uso de ferramentas especializadas como o Passware é recomendado, pois ele oferece soluções para a quebra de criptografia em uma variedade de formatos de arquivo e dispositivos, utilizando técnicas avançadas de força bruta e ataques baseados em dicionário para recuperar senhas e acessar dados criptografados.

Ao submeter uma pasta ou alguns arquivos, o Passware realiza uma análise detalhada e retorna uma estimativa da complexidade envolvida no processo de descriptografia.

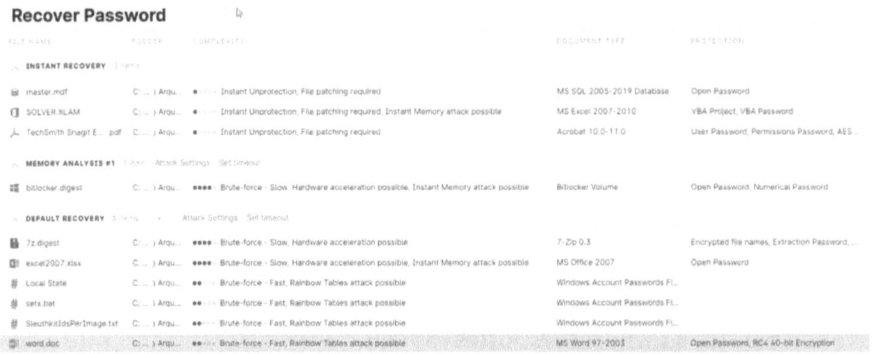

Figura 14 – Arquivos criptografados e a complexidade de descriptografia analisada pelo Passware

Figura 15 – Tela de Recuperação mostrando 3 senhas encontradas e outras em processamento pelo Passware

6. ABORDAGEM PRÁTICA E CONCLUSÕES

6.1 Buscas mais rápidas com uso de dicionário de caso

Além dos artefatos mencionados, há muitos outros que podem ser explorados durante uma investigação, dependendo do escopo do caso e das informações relevantes a serem obtidas. Muitas vezes, lidamos com um grande volume de dados e estruturas de arquivos extensas. Embora seja valioso estudar e compreender esses achados, a realidade do dia a dia nos obriga a adotar estratégias e métodos mais eficientes para fornecer respostas rápidas.

Algumas ferramentas permitem a importação de arquivos no formato .txt com palavras-chave relacionadas ao caso, o que facilita a busca, que retorna apenas os achados mais relevantes, como veremos a seguir.

Visualizaremos algumas análises de uma imagem forense de um caso fictício criado pelo renomado especialista e mestre Marcelo Nagy, que gentilmente me permitiu usá-la e reprocessá-la na ferramenta Belkasoft Evidence Center X. Vale mencionar que essa mesma imagem foi processada há cerca de sete anos, no Autopsy, e já naquela época foi amplamente elogiada por sua excelente didática e valor educativo. Uma breve introdução ao caso analisado é apresentada a seguir, permitindo que os leitores avaliem o contexto e elaborem um parecer técnico em resposta ao questionamento do juiz:

DOS FATOS (FICTICIOS):

Em maio de 2018, Maria da Silva, de 36 anos, foi encontrada, <u>supostamente</u>, <u>afogada e sem sinais de vida (morta)</u> dentro da banheira de sua residência situada no município de São Paulo. O corpo (objeto material do crime) estava submerso na banheira da suíte residencial em que a vítima fora encontrada, bem com constatou-se que pétalas de rosas estariam boiando sobre a superfície da água naquele espaço delituoso (banheira).

Aparentemente, havia a <u>suposição inicial</u> de que a vítima tivesse cometido suicídio, entretanto após a realização da autópsia foi constatado que seu corpo (organismo) continha doses de um medicamento conhecido por Temazepan, o qual é usado para auxiliar o sono e combater a insônia.

A polícia começou a <u>suspeitar</u> do envolvimento de José Silva no caso do afogamento, principalmente pelo fato dele ter recebido um seguro de vida com um alto valor em decorrência da morte de sua ex-esposa, bem como foi descoberto que o referido seguro foi contratado poucos meses antes da morte de Maria da Silva.

Diante das circunstâncias, a investigação se desdobrou seguindo duas linhas, quais sejam: suicídio e homicídio. Porém, tais fatos não são suficientes para que o Sr. José da Silva seja indiciado pela morte de sua ex-esposa Maria da Silva.

DO DIREITO:

Diante de tais situações (fictícias), verifique se existem evidências computacionais que comprovem se há algum indício da culpabilidade do Sr. José Silva em relação ao suposto homicídio da vítima Maria da Silva.

Abaixo, apresento uma captura de tela do caso processado na ferramenta Belkasoft, seguida de um arquivo .txt, criado no Bloco de Notas, contendo palavras-chave relacionadas a esse caso fictício

Figura 16 – Visualização do arquivo de texto criado no bloco de notas com palavras-chave do caso

O uso do dicionário do caso resultou em uma lista de achados relacionados às situações apontadas, agilizando significativamente o processo de análise e identificando algumas buscas e evidências encontradas no computador do marido.

Figura 17 – Tela mostrando os artefatos achados com uso do dicionário de caso

6.2 Relatórios de achados focados no uso do dicionário de caso

Após localizar as evidências, é hora de reportar os resultados. Para o caso mencionado, elaborei um relatório focado nos resultados da busca por palavras-chave, e é importante que qualquer artefato semelhante e relevante para o caso seja incluído no relatório pericial.

O Belkasoft X permitiu a seleção dos artefatos mais relevantes, facilitando a criação de um relatório que destaca exclusivamente as evidências essenciais para o caso. Com este tipo de recurso, garantimos agilidade e segurança na entrega de informações com excelência, uma vez que serão incluídas informações como hashes, pré-visualizações e outros metadados essenciais para o processo.

Figura 18 – Sumário do Relatório obtido dos achados com uso de dicionário de caso

Figura 19 – Visualização de alguns achados relacionados ao uso de dicionário de caso

6.3 A finalização de um caso

Após abordar alguns aspectos técnicos e conceituais de uma perícia em computadores, é importante rever alguns pontos e garantir os resultados necessários. A perícia digital envolve muitas técnicas, ferramentas e questionamentos, o que exige um estudo aprofundado e contínuo. Um dos fatores cruciais no trabalho pericial é a aplicação rigorosa de metodologias, que orientam as ações do perito e ajudam a evitar erros que possam comprometer a credibilidade do relatório final.

A perícia começa e termina com o uso de procedimentos bem documentados, sendo essencial registrar todas as ações na cadeia de custódia. É fundamental detalhar cada passo das operações, trabalhar exclusivamente com cópias dos dados e evitar acessos diretos à imagem original. Um princípio amplamente reconhecido na perícia é que a interação entre dois objetos gera vestígios, e, na perícia digital, todas as ações deixam registros nos logs. Por isso, garantir a integridade dos dados é crucial, e seguir rigorosamente as etapas descritas nas metodologias e padrões é essencial.

Um elemento recorrente nas perícias é o uso de hashes. Hashes funcionam como impressões digitais dos arquivos ou imagens analisadas, indicando que determinado arquivo estava em um estado específico no momento da perícia. Qualquer alteração subsequente no arquivo gerará um hash diferente, permitindo que essa modificação seja detectada. Embora o cálculo de hashes demande tempo, ele é essencial e não deve ser negligenciado.

Abaixo temos um relatório extraído da ferramenta Belkasoft X com algumas informações da imagem forense que foi analisada e o hash que foi calculado para aquele conjunto de dados

Belkasoft Evidence Center

Informação de relatório

Caso Jose da Silva

ESTE RELATÓRIO É GERADO COM A VERSÃO DEMO DE BELKASOFT EVIDENCE CENTER X.

3

Formato da imagem	Ftk
MD5	29b33b28e43eb985c8c44e5b900cf9f6
Media flags	Image, Physical
Media type	FixedDisk
SHA1	9b0a7353ca995f9566f32f047e52989283f86d71
Acquisition date	Mon Jul 22 01:35:49 2024
Operating system on the acquired device	Win 201x
Acquisition tool name	ADI4.7.1.2
Descrição	untitled
Data do sistema	Mon Jul 22 01:35:49 2024

Figura 20 – Imagem de um relatório mostrando o Hash de uma imagem forense

Além do hash da imagem, temos também os cálculos de hashes para arquivos individuais, que são citados nos relatórios.

Figura 21 – Visualização de Hashes obtidos em um arquivo png

6.4 Conclusão e mensagem final

Devemos ter em mente que nem sempre encontraremos todas as respostas em uma investigação, pois o papel do perito é analisar e trazer à tona as informações requeridas, reconstruindo uma história a partir dos achados e evidências. Esses elementos serão, posteriormente, avaliados pelos magistrados. Nossa função não é decidir o caso, mas fornecer as informações essenciais que contribuirão para a tomada de decisões no processo

REFERÊNCIAS

ARSENAL RECON. Digital Forensics Software. Disponível em: https://arsenalrecon.com/.

AUTOPSY. Digital Forensics. Disponível em: https://www.sleuthkit.org/autopsy.

BELKASOFT Evidence Center X. Disponível em: https://belkasoft.com/.

CELLEBRITE UFED: Unified Digital Forensics Platform. Disponível em: https://www.cellebrite.com/en/ufed.

CÓDIGO PENAL BRASILEIRO – Artigo 154-A. Disponível em: https://www.jusbrasil.com.br/legislacao/91614/codigo-penal-decreto-lei-2848-40#art-154A.

FORENSIC Toolkit (FTK) by AccessData. Disponível em: https://accessdata.com/products-services/forensic-toolkit-ftk.

GDPR. Disponível em: https://www.jusbrasil.com.br/artigos/lei-gdpr-em-portugues/834170468.

IPED: Indexador e Processador de Evidências Digitais. Disponível em: https://github.com/sepinf-inc/IPED.

ISO/IEC 27001:2022. Disponível em: https://www.iso.org/standard/27001.

ISO/IEC 27002:2022. Disponível em: https://www.iso.org/standard/75652.html.

ISO/IEC 27037:2012. Disponível em: https://www.iso.org/standard/44381.html.

ISO/IEC 27042:2015. Disponível em: https://www.iso.org/standard/44406.html.

ISO/IEC 27043:2015. Disponível em: https://www.iso.org/standard/44407.html.

LGPD – Lei 13.709/2018. Disponível em: https://www.planalto.gov.br/ccivil_03/_ato2015-2018/2018/lei/l13709.htm.

LEI CAROLINA DIECKMANN; Lei 12737/2012. Disponível em: https://www.planalto.gov.br/ccivil_03/_ato2011-2014/2012/lei/l12737.htm.

MARCO CIVIL DA INTERNET – Lei 12965/2014. Disponível em: https://www.planalto.gov.br/ccivil_03/_ato2011-2014/2014/lei/l12965.htm.

NAGY, Marcelo. Caso de exemplo criado e autorizado para uso. Academia de Forense Digital. 2024.

NIST SP 800-86. Disponível em: https://nvlpubs.nist.gov/nistpubs/Legacy/SP/nistspecialpublication800-86.pdf.

PASSWARE KIT FORENSIC: Password Recovery and Decryption. Disponível em: https://www.passware.com/kit-forensic.

TABLEAU FORENSIC: Forensic Hardware Solutions. Disponível em: https://www.opentext.com/products/tableau-forensic.

PERÍCIA EM ÁUDIOS

Maurício de Cunto

1. INTRODUÇÃO

A necessidade de perícias forenses em áudio surgiu em resposta à evolução das tecnologias de gravação e ao crescente uso de áudios como evidências em investigações criminais e processos judiciais. O contexto histórico desse campo pode ser entendido a partir de vários marcos tecnológicos e eventos legais. Além disso, essas perícias se aplicam a diversas modalidades, sendo algumas mais comuns do que outras.

1.1 Contexto histórico

As primeiras gravações de áudio, como os cilindros de cera de Thomas Edison no final do século XIX, marcaram o início da captura de som, mas a qualidade dessas gravações era rudimentar, e sua aplicação forense era bastante limitada.

Figura 1 – Cilindros de cera de Thomas Edison

No entanto, com a evolução dos dispositivos de gravação no século XX, como o gramofone e os gravadores de fita magnética, o registro sonoro passou a ser utilizado para documentar conversas, eventos e, eventualmente, como evidência em tribunais.

Figura 2 – Gramofone

Figura 3 – Gravador de fita magnética

Com a popularização dos gravadores portáteis, especialmente na década de 1950, surgiram preocupações sobre a autenticidade das gravações. As fitas magnéticas podiam ser facilmente editadas, cortadas ou manipuladas, o que levou ao desenvolvimento de métodos de verificação da integridade dos materiais magnéticos. Esse período marcou o início da autenticação de áudio como um campo relevante nas investigações forenses.

Figura 4 – Gravador portátil

1.2 A Guerra Fria e a expansão das técnicas de vigilância

Durante a Guerra Fria, a espionagem internacional e a vigilância eletrônica atingiram níveis sem precedentes. Áudios capturados por dispositivos ocultos, como microfones de vigilância, tornaram-se peças centrais em casos de segurança nacional. A necessidade de autenticar e analisar essas gravações, muitas vezes de qualidade baixa ou comprometida, levou ao desenvolvimento de técnicas forenses mais sofisticadas, como a análise de ruídos de fundo e técnicas de restauração de áudio para esclarecer conversas cruciais. A identificação de vozes também se tornou essencial, especialmente em casos de espionagem e contraespionagem, quando as gravações de vozes precisavam ser comparadas para identificar agentes ou traidores. A análise de voz firmou-se como um campo especializado, utilizando tanto o conhecimento linguístico quanto técnicas acústicas.

1.3 O surgimento do áudio digital

Nas décadas de 1980 e 1990, a transição do áudio analógico para o digital trouxe novas complexidades. Arquivos de áudio digitalizados, como CDs e os primeiros formatos de compressão (MP3, WMA), permitiram uma manipulação mais sutil e difícil de detectar. Isso gerou a necessidade de análise de metadados, compressão e codificação para detectar manipulações mais sofisticadas. Esses novos formatos também possibilitaram falsificações de áudio em um nível mais complexo. A disseminação de gravadores digitais portáteis e de programas de edição de áudio acessíveis ao público nos anos 2000 aumentou o número de casos judiciais envolvendo áudios manipulados. Ao mesmo tempo, isso forçou os peritos a desenvolver técnicas para identificar edições feitas por software, expandindo o campo para incluir análise de coerência temporal e avaliação de dispositivos de gravação.

Figura 5 – CD

1.4 *Deepfakes* e os desafios forenses desta década

Recentemente, com os avanços em inteligência artificial, os *deepfakes* de áudio emergiram como uma nova e séria ameaça, replicando vozes artificialmente com grande precisão. Esses áudios falsificados apresentam desafios extremamente complexos para a perícia forense. Técnicas modernas de detecção de *deepfakes* em áudios têm sido desenvolvidas para lidar com esses casos, utilizando análise espectral e comparação de biometria vocal para obter maior precisão e acerto.

Ainda em relação aos *deepfakes* de áudio, não há formas diretas de identificar a criação de áudios falsos gerados por inteligência artificial que simulam a voz de uma pessoa. A análise espectral detalhada e a detecção de anomalias nas frequências podem, em algumas situações, indicar elementos de síntese artificial, embora essa seja uma tecnologia que avança constantemente. Um elemento importante para essa detecção é a grande experiência e persistência na escuta.

1.5 O papel da lei e da ciência

Historicamente, a aceitação de evidências de áudio nos tribunais impulsionou o desenvolvimento das perícias forenses. Nos Estados Unidos, o caso "Frye vs. United States" (1923) estabeleceu que as técnicas científicas usadas como prova precisam ser amplamente aceitas pela comunidade científica, influenciando o rigor da análise forense de áudio. O caso "Daubert" (1993) foi outro marco importante, determinando que o juiz deve avaliar a relevância e a confiabilidade científica das evidências. Isso impulsionou ainda mais o uso de tecnologias avançadas na análise de áudio, como a análise de assinaturas acústicas e a identificação de linguagem e sotaque.

1.6 Atualidade e perspectivas futuras

Com o aumento do uso de dispositivos de gravação em smartphones e a proliferação de áudios nas redes sociais, as perícias em áudio se expandiram para novos cenários, como a perícia de áudios em mídias sociais e a análise de comunicações telefônicas. As gravações de câmeras corporais, chamadas de emergência e conversas capturadas acidentalmente por assistentes virtuais como Alexa e Siri agora fazem parte do arsenal de evidências forenses em registros sonoros. As perícias em áudio continuam a evoluir para atender às necessidades criadas pelas novas tecnologias e ameaças emergentes. O campo forense, impulsionado pela fusão entre inovação tecnológica e exigências legais, permanece dinâmico e em constante adaptação às mudanças nas formas de produção, manipulação e disseminação de áudios.

2. ORIGEM

Para entender melhor esse campo, é necessário compreender como tudo começou.

2.1 Som e áudio

O som é a percepção de variações na pressão do ar, captadas pelo sistema auditivo. Essas vibrações podem ser causadas por diversas fontes, como o vento, o bater de um tambor ou a fala de uma pessoa. O som se propaga em ondas, que podem variar em frequência (altura) e amplitude (volume).

2.2 Percepção e importância do som

O som nos envolve de várias maneiras e é uma parte essencial da nossa comunicação e interação com o ambiente. Embora outros sentidos (visão, olfato, paladar e tato) também sejam fundamentais, o som tem a capacidade única de nos alertar para coisas que não podemos ver, tocar, cheirar ou saborear. Ele nos permite perceber a distância e a direção de objetos, além de reconhecer padrões auditivos, como música ou fala. O som traz informações que complementam a visão. Sua importância vai além do entretenimento e da comunicação verbal, desempenhando um papel crucial em situações de alerta e atenção, como sirenes e alarmes, e na localização espacial de eventos que não são visíveis.

2.3 O áudio como registro de som

Enquanto o som é uma experiência temporária e em tempo real, o áudio é o meio pelo qual o som pode ser capturado, armazenado e reproduzido. A invenção de dispositivos de gravação sonora, como o fonógrafo de Thomas Edison, possibilitou a captura de sons e vozes que, de outra forma, seriam perdidos no tempo. O armazenamento em fitas magnéticas foi amplamente utilizado por décadas com grande sucesso e permanece em uso até hoje. A partir desse ponto, surgiram tecnologias cada vez mais sofisticadas para gravação e reprodução sonora, culminando no que conhecemos atualmente como gravação digital.

2.4 Funcionamento do sistema auditivo

O processo de percepção do som é um dos mais complexos e fascinantes do corpo humano. Ele começa com a captação das ondas sonoras pela orelha externa, que atua como uma espécie de "antena" em forma de funil, direcionando o som para o canal auditivo. A orelha externa não é apenas estética; sua forma ajuda a concentrar e canalizar as ondas sonoras para o tímpano, uma fina membrana que vibra em resposta às mudanças de pressão do ar causadas pelas ondas sonoras.

Figura 6 – Ouvido interno e externo

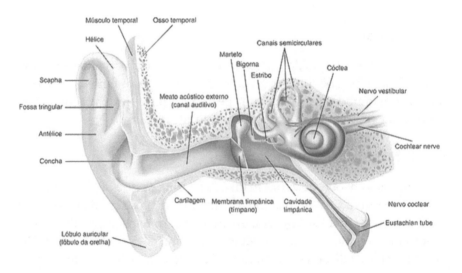

Após o tímpano, o som chega à orelha média, onde estão os menores ossos do corpo humano: o martelo, a bigorna e o estribo. Esses ossos amplificam mecanicamente as vibrações e as transmitem para a cóclea, localizada na orelha interna. A cóclea é responsável por converter essas vibrações mecânicas em impulsos elétricos, que são enviados ao cérebro pelo nervo auditivo. O cérebro, por sua vez, processa esses impulsos e os interpreta como sons que podemos identificar e entender.

Figura 7 – Martelo, a bigorna e o estribo

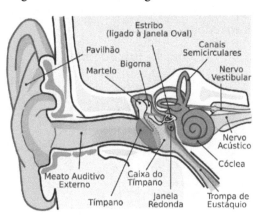

O ser humano tem a capacidade de perceber sons com frequências que variam de cerca de 20 Hz a 20.000 Hz. Hertz (Hz) é a unidade de medida da frequência, que indica o número de ciclos ou oscilações completas que uma onda sonora realiza por segundo. No contexto do som, uma onda sonora é formada por vibrações que se propagam pelo ar, e a frequência mede quantas dessas vibrações ocorrem a cada segundo.

Figura 8 – Cóclea

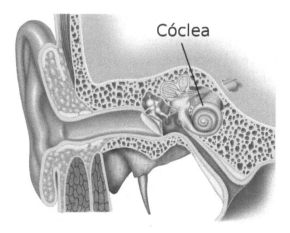

A percepção do som está diretamente ligada à frequência das vibrações e sua intensidade. Se um objeto oscila mais de 16 vezes por segundo com certa intensidade, o ouvido humano começa a perceber essas oscilações como som. Frequências acima disso são percebidas de forma mais clara e intensa. Sons de baixa intensidade podem ser inaudíveis, enquanto sons de alta intensidade podem causar dor ou danos auditivos irreparáveis. Esse conceito de frequência é fundamental para a compreensão de como o áudio é gravado e reproduzido, já que a faixa de frequências que podemos captar influencia diretamente nossa percepção dos sons ao redor.

Figura 9 – Faixa de audição

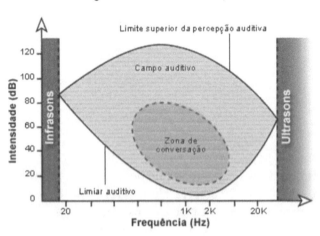

Por exemplo, se uma onda sonora vibra 100 vezes por segundo, sua frequência é de 100 Hz. Sons com frequências baixas, como 20 Hz, são percebidos como graves, enquanto frequências mais altas, como 20.000 Hz, são percebidas como agudas. Embora a faixa normal de audição humana varie entre 20 Hz e 20.000 Hz, essa capacidade pode variar de pessoa para pessoa.

Tecnicamente, um ciclo é uma sequência completa de compressão e rarefação de uma onda sonora, e o Hertz é a contagem de quantos ciclos ocorrem em um segundo. Quando falamos em 1 Hz, referimo-nos a uma oscilação completa de uma onda sonora em um segundo.

Figura 10 – Compressão e rarefação de uma onda sonora

Uma analogia útil é comparar o som com as ondas do mar: contar quantas ondas chegam à praia em um segundo seria semelhante à contagem de Hertz no som, só que, no caso do som, contamos vibrações no ar. Quanto maior o número de Hertz, mais agudo será o som; quanto menor, mais grave.

Abaixo de 20 Hz, entramos na região dos infrassons, que são geralmente inaudíveis, embora possam ser sentidos como vibrações. Acima de 20.000 Hz, encontramos os ultrassons, que também não são audíveis para os humanos, mas podem ser captados por outros animais, como cães e morcegos. Sons graves são percebidos como "roncos" ou "vibrações", enquanto sons agudos são percebidos como "zumbidos" ou "apitos". A captação auditiva depende de como essas frequências são interpretadas pelo cérebro. Qualquer dano no sistema auditivo, desde a orelha externa até o cérebro, pode causar problemas auditivos, como perda auditiva condutiva (problemas na condução do som) ou perda auditiva neurossensorial (danos na orelha interna ou no nervo auditivo).

2.5 Medição do som e propriedades acústicas

A medição de frequências e intensidades sonoras é complexa, assim como a forma como nossos sentidos percebem o som, de maneira não linear. Utilizando exemplos de instrumentos musicais, como tubas, contrabaixos e violões, diferentes objetos oscilam e produzem sons com frequências variadas, seja de forma harmônica ou caótica. A percepção sonora não se baseia apenas na intensidade e na frequência, mas também no "timbre", que define a identidade de um som, permitindo-nos distinguir um violão de uma flauta, por exemplo. Além disso, a variação da pressão do ar é essencial para gerar o som, comparando-a com o movimento de um êmbolo em uma seringa, onde a compressão e rarefação do ar causam a percepção do som.

Figura 11 – Sonômetro

A intensidade sonora é medida em decibéis (dB), com níveis que variam desde sons extremamente baixos (como os de um quarto silencioso à noite) até níveis dolorosos, acima de 100 dB. Para medir a intensidade sonora, utilizam-se os sonômetros, que medem a pressão sonora. Mais especificamente, eles medem o nível de pressão sonora (SPL, do inglês *Sound Pressure Level*), que é a variação da pressão em relação à pressão atmosférica causada pela propagação das ondas sonoras. O sonômetro capta essas variações e as converte em uma leitura em decibéis, que indicam o nível de pressão sonora. Essa leitura representa a intensidade do som em relação a um valor de referência (geralmente, 20 micropascais, que é a pressão sonora mínima detectável pelo ouvido humano).

Figura 12 – Escala de pressão sonora

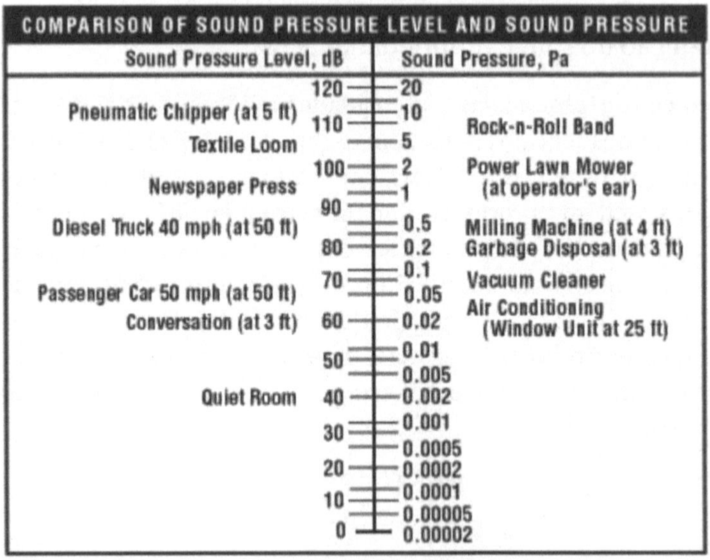

COMPARISON OF SOUND PRESSURE LEVEL AND SOUND PRESSURE	
Sound Pressure Level, dB	Sound Pressure, Pa
Pneumatic Chipper (at 5 ft) — 120	20
— 110	10 — Rock-n-Roll Band
Textile Loom	5
— 100	2 — Power Lawn Mower
Newspaper Press	1 (at operator's ear)
— 90	
Diesel Truck 40 mph (at 50 ft)	0.5 — Milling Machine (at 4 ft)
— 80	0.2 — Garbage Disposal (at 3 ft)
— 70	0.1 — Vacuum Cleaner
Passenger Car 50 mph (at 50 ft)	0.05 — Air Conditioning
Conversation (at 3 ft) — 60	0.02 (Window Unit at 25 ft)
— 50	0.01
	0.005
Quiet Room — 40	0.002
— 30	0.001
	0.0005
— 20	0.0002
— 10	0.0001
	0.00005
— 0	0.00002

Nossa audição não capta todos os sons da mesma maneira, e a interpretação do som varia de acordo com a intensidade, a frequência e o timbre. O timbre é o que nos permite distinguir diferentes fontes sonoras, mesmo que estejam tocando a mesma nota. Por exemplo, se tocarmos um Dó no piano e um Dó na guitarra, os sons terão características distintas, embora a nota seja a mesma. Isso ocorre porque cada instrumento tem uma combinação única de frequências fundamentais e harmônicos que formam seu timbre.

Figura 13 – Harmônicos

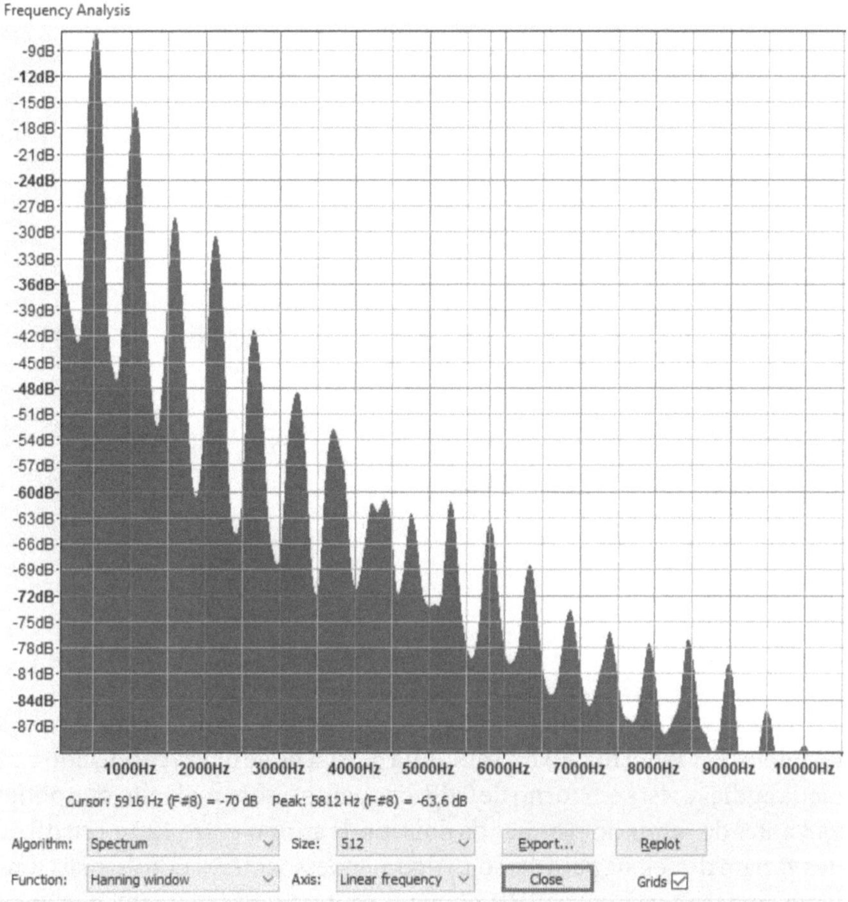

A intensidade sonora, ou volume, é medida em decibéis (dB). Sons suaves, como o sussurro em uma sala silenciosa, têm níveis de intensidade baixos, em torno de 20 a 30 dB. Já sons mais fortes, como o tráfego de uma rua movimentada, estão na faixa de 70 a 80 dB. Sons muito altos, como os de shows de rock ou explosões, podem ultrapassar os 100 dB, chegando a níveis que causam dor ou danos auditivos. A percepção da intensidade sonora é logarítmica, ou seja, nosso ouvido não percebe o dobro da energia sonora como o dobro do volume. Para perceber uma diferença significativa no volume, é necessário um aumento considerável de energia sonora.

Figura 14 – Escala sonora

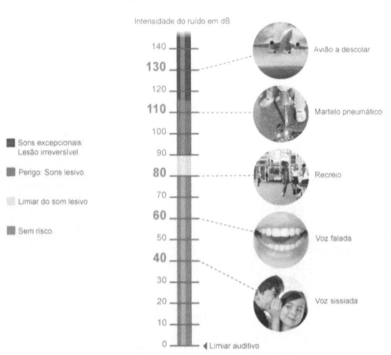

Nosso ouvido tem limites tanto para sons muito baixos quanto para sons muito intensos. O som mais baixo que uma pessoa pode ouvir, conhecido como o limiar da audição, está em torno de 0 dB, enquanto o som mais alto que podemos tolerar, antes de sentir dor (limiar da dor), pode atingir entre 120 e 130 dB. Esses limites variam de pessoa para pessoa. Algumas pessoas têm audição mais sensível e podem ouvir sons abaixo de 0 dB, enquanto outras conseguem tolerar sons mais altos sem sentir dor. A escala de decibéis, por ser logarítmica, ajuda a representar essas grandes variações de intensidade sonora de forma mais compreensível. Cada aumento de 10 dB na intensidade sonora é percebido como um som duas vezes mais alto. Assim, um som de 50 dB é percebido como muito mais intenso do que um som de 40 dB, apesar da diferença numérica parecer pequena.

Em termos físicos, um aumento de 10 dB significa que a potência do som aumentou 10 vezes. No entanto, o volume percebido pelo ouvido humano é subjetivo e depende de como o cérebro processa o som. Estudos indicam que, em média, as pessoas percebem um som como "duas vezes mais alto" quando há um aumento de cerca de 10 dB, mas isso pode variar ligeiramente dependendo da frequência e do contexto do som.

3. ARMAZENAMENTO

Gravações de áudio sempre precisam ser guardadas com segurança, e o método de armazenamento evoluiu significativamente ao longo do tempo, conforme as tecnologias disponíveis e as necessidades de conservação e acessibilidade foram se transformando. Tradicionalmente, gravações analógicas eram armazenadas em meios magnéticos, como fitas de rolo, cassetes e micro-cassetes. Essas fitas utilizavam campos magnéticos para registrar o sinal de áudio de forma contínua, geralmente em mídias feitas de acetato ou poliéster revestidas com partículas magnéticas. A principal vantagem dessas fitas era a simplicidade e a durabilidade, mas elas sofriam com o desgaste físico ao longo do tempo e exigiam condições específicas de conservação, como controle de umidade e temperatura.

Com a digitalização, o armazenamento passou a ocorrer em dispositivos de dados, como discos rígidos (HDs), pendrives, discos ópticos (CDs, DVDs) e, mais recentemente, em servidores na nuvem. O áudio digital é armazenado como arquivos, muitas vezes compactados para reduzir o tamanho sem perda perceptível de qualidade, ou como arquivos sem compressão, como WAV ou FLAC, para usos profissionais. Esses dispositivos oferecem vantagens significativas em termos de facilidade de acesso, maior capacidade de armazenamento e longevidade, além de permitirem a cópia sem perda de qualidade, algo que não era possível com as mídias analógicas.

Além disso, o armazenamento digital facilita a criação de múltiplos backups e a distribuição pela internet, algo crucial para gravações que exigem preservação de longo prazo. No entanto, uma desvantagem do armazenamento digital é a dependência de dispositivos e softwares específicos para acessar os arquivos, bem como o risco de falhas de hardware ou corrupção de dados, caso não sejam mantidos backups adequados.

3.1 Analógico em meio magnético

O armazenamento de som em fitas magnéticas foi uma das principais tecnologias de gravação de áudio do século XX, amplamente usada em estúdios de música, radiodifusão e sistemas de gravação domésticos. Esse processo envolve a conversão de sinais sonoros em sinais elétricos e, em seguida, a codificação desses sinais em uma fita magnética por meio de variações no campo magnético.

Uma fita magnética é composta por várias camadas, como uma base de poliéster ou acetato (suporte físico da fita feito de um material plástico fino e flexível), a camada magnética (coberta por partículas magnéticas distribuídas, como óxidos de ferro, cromo ou cobalto, que armazenam a informação magnética correspondente ao áudio gravado), camada de lubrificação (para minimizar o atrito durante o contato com os cabeçotes de gravação e reprodução) e a camada antiestática (para reduzir a acumulação de eletricidade estática que pode interferir na gravação ou reprodução).

O armazenamento do som em fitas magnéticas ocorre por meio de um processo eletromagnético que pode ser dividido em três fases principais: gravação, reprodução e apagamento.

Figura 15 – Microfone dinâmico

Durante a gravação, o som (um sinal analógico) é captado por um microfone e convertido em um sinal elétrico correspondente. Esse sinal é enviado aos cabeçotes de gravação, compostos por bobinas eletromagnéticas. Quando a fita magnética passa pelo cabeçote, o sinal elétrico gera um campo magnético variável nas bobinas, que provoca a magnetização das partículas de óxido de ferro na camada magnética da fita. A orientação das partículas magnéticas na fita corresponde à forma da onda sonora original. As variações no campo magnético, que seguem o sinal de áudio, são "impressas" na fita, codificando o som como uma sequência de domínios magnéticos com diferentes intensidades e direções.

Figura 16 – Fita magnética

Para reproduzir o som, a fita magnética passa por um cabeçote de leitura. À medida que a fita passa pelo cabeçote, os campos magnéticos armazenados na fita induzem uma corrente elétrica nas bobinas do cabeçote de reprodução. Essa corrente elétrica é então convertida de volta em um sinal de áudio, que pode ser amplificado e reproduzido por alto-falantes. A precisão da reprodução depende da capacidade do cabeçote de detectar pequenas variações magnéticas na fita, além da qualidade do material magnético utilizado.

Figura 17 – Cabeça magnética

Antes de uma nova gravação, as fitas magnéticas precisam ser apagadas para remover qualquer sinal gravado anteriormente. Isso é feito passando a fita por um cabeçote de apagamento, que gera um campo magnético de alta frequência para randomizar as partículas magnéticas na fita, eliminando as informações gravadas e deixando a fita pronta para uma nova gravação.

3.2 Meio digital

Com o avanço das tecnologias digitais a partir da década de 1980, o uso de fitas magnéticas para gravação de áudio começou a diminuir. O áudio digital, armazenado em formatos como CD e DAT (Digital Audio Tape), oferecia maior conveniência e qualidade de reprodução estável. No entanto, o som analógico das fitas magnéticas ainda é valorizado por muitos audiófilos e profissionais de estúdio pela sua textura sonora característica e pelo "calor" que proporciona.

O armazenamento de áudio digital revolucionou a forma como gravamos, editamos e transmitimos som. Diferentemente do áudio analógico, que é contínuo, o áudio digital é uma representação discreta do som, armazenada como uma sequência de números binários. Esse processo envolve a conversão de sinais sonoros analógicos em dados digitais e a compactação desses dados para armazenamento e transmissão mais eficientes.

O som no mundo real é captado por microfones como ondas sonoras analógicas. Para armazenar essas ondas em formato digital, elas precisam ser convertidas em números, processo realizado pelo Conversor Analógico-Digital (A/D). O A/D faz isso amostrando a onda sonora em intervalos regulares (frequência de amostragem) e medindo sua amplitude em cada ponto. A amplitude é então convertida em números binários. A frequência de amostragem é a quantidade de vezes que o som é medido por segundo, expressa em Hertz (Hz). Por exemplo, uma frequência de amostragem de 44,1 kHz (usada em CDs) significa que o som é medido 44.100 vezes por segundo. Segundo o Teorema de Nyquist, a frequência de amostragem deve ser pelo menos o dobro da frequência mais alta do som que se deseja gravar. Como o ouvido humano percebe sons até cerca de 20 kHz, a amostragem em 44,1 kHz é suficiente para capturar todas as nuances do áudio audível.

A resolução ou profundidade de bits define o número de bits usados para representar cada amostra de som. Uma maior profundidade de bits permite representar uma maior gama de variações na amplitude do som, resultando em maior fidelidade. Por exemplo, a profundidade de 16 bits usada em CDs pode representar 65.536 valores de amplitude diferentes. Gravações profissionais utilizam profundidades de 24 ou 32 bits, oferecendo maior dinâmica e precisão.

Os formatos de armazenamento de áudio digital são divididos em duas categorias principais: sem compressão e com compressão.

Formatos sem compressão:

- WAV (*Waveform Audio File Format*): Amplamente utilizado para gravações de alta qualidade, armazena áudio sem compressão, preservando toda a qualidade original. Um minuto de áudio estéreo em qualidade de CD (44,1 kHz/16 bits) ocupa cerca de 10 MB.
- AIFF (*Audio Interchange File Format*): Semelhante ao WAV, é um formato não comprimido desenvolvido pela Apple, usado principalmente em plataformas Mac.

Formatos com compressão:

- *Compressão sem perdas*: Preserva a qualidade original, comprimindo o áudio para tamanhos menores sem perda de informação. Exemplos:
  - FLAC (*Free Lossless Audio Codec*): Comprime o áudio sem perda de qualidade, muito popular entre audiófilos.
  - ALAC (*Apple Lossless Audio Codec*): Formato proprietário da Apple, similar ao FLAC.
- *Compressão com perdas*: Reduz significativamente o tamanho dos arquivos de áudio, sacrificando parte da qualidade sonora. É útil para streaming e armazenamento eficiente. Exemplos:
  - MP3 (*MPEG-1 Audio Layer III*): O formato de áudio mais conhecido, que comprime o arquivo removendo partes menos perceptíveis ao ouvido humano.

- **AAC** (*Advanced Audio Coding*): Uma evolução do MP3, oferece melhor qualidade sonora em taxas de bits mais baixas, sendo o formato padrão de áudio para iTunes e YouTube.
- **OGG Vorbis**: Um codec de compressão com perdas de código aberto, mais eficiente em termos de qualidade sonora por taxa de bits que o MP3.

CODECs (Codificadores/Decodificadores) são algoritmos responsáveis pela compressão e descompressão do áudio digital. Durante a codificação, o CODEC comprime o áudio para armazenamento ou transmissão. Na decodificação, ele restaura o áudio para um formato utilizável. CODECs com perdas utilizam psicoacústica para identificar e eliminar partes do áudio que o ouvido humano tem mais dificuldade em perceber, reduzindo o tamanho do arquivo com uma pequena perda de qualidade sonora.

4. O TRABALHO PERICIAL

Compreendendo que o áudio é um campo complexo, existem muitas demandas no espectro pericial que são comumente solicitadas.

4.01 – Beneficiamentos gerais em áudios com finalidade de aumento de inteligibilidade de voz para fins de transcrição;

4.02 – Beneficiamentos gerais em áudios para fins de identificação de falantes;

4.03 – Coleta de voz para exame de identificação comparativa de falantes;

4.04 – Conversão de áudio para vídeo com legendagem e identificação visual de interlocutores;

4.05 – Digitalização de materiais analógicos;

4.06 – Estudo, verificação e estabelecimento de cadeia de custódia;

4.07 – Exame de gravações ambientais contendo registros acústicos fora das normas ABNT NBR 10151 e NBR 10152;

4.08 – Exame de voz com identificação comparativa de falantes (perceptivo-auditivo, fonético-acústico, linguístico);

4.09 – Exame de identificação de edições e/ou manipulações fraudulentas;

4.10 – Exame de integridade com identificação de edições e/ou manipulações fraudulentas;

4.11 – Exame de originalidade de gravações;

4.12 – Exame de procedência de gravações;

4.13 – Exame psicoacústico com busca e identificação de padrões sonoros específicos;

4.14 – Exame psicoacústico com identificação de vozes, sons diversos e ruídos;

4.15 – Exame/análise de comportamento sistêmico e humano;

4.16 – Exames em áudios não oriundos de arquivos digitais, fitas magnéticas, VCR, DAT, MD, ADAT etc.;

4.17 – Exames em equipamentos de gravação de áudio;

4.18 – Extração de áudios a partir de equipamentos, gravadores e demais dispositivos;

4.19 – Extração de áudios a partir de programação de rádio, TV, streaming etc.;

4.20 – Extração de áudios a partir de sites, aplicativos, sistemas e redes sociais;

4.21 – Registro de gravação ambiental e/ou escuta;

4.22 – Restauração de fitas analógicas;

4.23 – Transcrição de voz/fala com identificação de interlocutores (sem garantia de autoria);

4.24 – Triagem e inventário (quando há materiais em demasia);

4.25 – Estudo e análise de gravações de áudio com ou sem voz, gerados por síntese ou que passaram por mecanismos de Inteligência Artificial desde o aprendizado até a elaboração da voz.

REFERÊNCIAS

BALLOU, Glen M. *Handbook for Sound Engineers* – The New Audio Cyclopedia. 6. ed. New York: Routledge, 2015.

FANT, Gunnar. *Speech Sounds and Features*. Cambridge: MIT Press, 2003.

HARDCASTLE, William J.; LAVER, John; GIBBON, Fiona E. (Ed.). *The Handbook of Phonetic Sciences*. 2. ed. New York: Wiley-Blackwell, 2010.

HOLLIEN, Harry. *Forensic Voice Identification*. San Diego: Academic Press, 2002.

HOLLIEN, Harry. *The Acoustics of Crime: The New Science of Forensic Phonetics*. Springer, 2013.

KADIS, Jay. *The Science of Sound Recording*. New York: Routledge, 2012.

KENT, Raymond D.; READ, Charles. *The Acoustic Analysis of Speech*. Boston: Cengage Learning, 1992.

MAHER, Robert C. *Audio Forensics: Principles and Practice*. Springer, 2018.

ROSSING, Thomas D.; MOORE, Richard F.; WHEELER, Paul A. *The Science of Sound*. 3. ed. Boston: Pearson, 2001.

SILVA, Thaïs Cristófaro. *Fonética e Fonologia do Português Brasileiro*. 11. ed. São Paulo: Editora Contexto, 2019.

STEVENS, Kenneth N. *Acoustic Phonetics*. Cambridge: MIT Press, 2000.

TITZE, Ian R. *Voice Science: Acoustics, Perception, and Production*. Salt Lake City: National Center for Voice and Speech, 2000.

TREMAINE, Howard M. *Audio Cyclopedia*. 2. ed. Indianapolis: Howard W. Sams & Co., 1969.

WATKINSON, John. *The Art of Sound Reproduction*. 3. ed. New York: Routledge, 2017.

WINER, Ethan. *The Audio Expert: Everything You Need to Know About Audio*. New York: Routledge, 2012.

PERÍCIA EM IMAGENS DIGITAIS

Bernardo de Azevedo e Souza

1. INTRODUÇÃO

No romance distópico "1984", o escritor inglês George Orwell narra a história de Winston Smith, um homem aprisionado na engrenagem totalitária de uma sociedade completamente dominada pelo Estado, onde tudo é feito coletivamente, mas cada indivíduo vive isolado. Winston é um trabalhador mediano e dedicado do Ministério da Verdade, uma imponente estrutura piramidal cujo propósito, paradoxalmente, é disseminar mentiras e reescrever a história tantas vezes quanto necessário:

> Dia a dia e quase minuto a minuto o passado era atualizado. Desse modo era possível comprovar com evidências documentais que todas as previsões feitas pelo Partido haviam sido acertadas; sendo que, simultaneamente, todo vestígio de notícia ou manifestação de opinião conflitante com as necessidades do momento eram eliminados. A história não passava de um palimpsesto, raspado e reescrito tantas vezes quantas fosse necessário. Uma vez executado o serviço, era absolutamente impossível provar a ocorrência de qualquer tipo de falsificação.[1]

A manipulação da verdade e a reescrita constante da história são práticas centrais no regime totalitário da Oceânia, o país fictício em que se passa o romance. O Ministério da Verdade, com sua missão de criar uma narrativa oficial conveniente para o Partido, altera registros históricos e adapta imagens para garantir que o passado seja sempre ajustado ao presente. Assim, os cidadãos permanecem em um estado de ignorância e aceitam passivamente as mentiras propagadas pelo Partido.

O controle da informação e a manipulação da história não são, contudo, invenções de George Orwell. Ao longo da história, líderes totalitários como Stalin, Hitler, Mussolini e muitos outros entenderam o poder das imagens e da documentação visual. Esses ditadores manipularam fotografias na tentativa de reescrever a história, cientes de que a alteração de imagens poderia moldar a percepção pública e consolidar seu poder. Evidências visuais eram retocadas para remover figuras caídas em desgraça, eventos inconvenientes eram apagados e novas narrativas visuais eram criadas para servir aos interesses do regime. Ao alterar fotografias, os líderes totalitários não apenas alteravam a representação do passado, mas também condicionavam as mentes dos cidadãos a aceitar uma versão distorcida da realidade.[2]

---

1. ORWELL, George. *1984*. São Paulo: Companhia das Letras, 2009.
2. FARID, Hany. *Photo Forensics*. Cambridge: MIT Press, 2019.

A manipulação de imagens digitais, uma realidade hoje amplificada por *softwares* de edição e ferramentas de inteligência artificial (IA), tem raízes que remontam ao século XIX. Apenas algumas décadas após Niépce capturar a primeira foto em 1814, já se registravam manipulações fotográficas. Um dos primeiros exemplos notáveis ocorreu em 1864, envolvendo uma imagem do general Ulysses S. Grant em frente às suas tropas em *City Point*, durante a Guerra Civil Americana (1861-1865). Pesquisadores da Biblioteca do Congresso dos Estados Unidos[3] descobriram que a impressão era, na verdade, uma composição de três fotografias distintas: a cabeça foi retirada de um retrato de Grant, o cavalo e o corpo pertenciam ao major general Alexander M. McCook, e o fundo exibia prisioneiros confederados capturados durante a batalha de *Fisher's Hill* (1864):

Figura 1 – O general Ulysses S. Grant

Crédito: The Library of Congress

Adulterar fotografias era uma prática frequente também no regime de Stalin. O ditador apagava seus inimigos das fotografias oficiais, buscando reescrever a história a seu favor.[4] Nikolai Yezhov, comissário da polícia secreta soviética e figura central do Grande Expurgo (1936-1938), viu sua relação com Stalin deteriorar-se quando o líder decidiu que as purgas haviam sido excessivas. Stalin responsabilizou Yezhov pelos abusos cometidos durante o expurgo, substituindo-o por Lavrentiy Beria como chefe da NKVD (Comissariado do Povo de Assuntos Internos). Pouco depois, Yezhov foi preso, acusado de traição e executado em 1940. Na figura 2, Yezhov foi literalmente apagado, transformando-se em um "inimigo do povo":

---

3. WEEKS, Linton. A very weird photo of Ulysses S. Grant. *NPR History Dept*, 27 out. 2015.
4. MACDONALD, Fiona. A manipulação de imagens pelos soviéticos, muito antes da era das 'fake news'. *BBC Culture*. 30 jan. 2018.

Figura 2 – Josef Stalin e Nikolai Yezhov, o "Comissário Desaparecido"

Crédito: Comrade Kyiv

Se, no passado, alterar o registro histórico demandava técnicas demoradas e complexas, como retoques com tinta, pintura, aerografia, combinação de fotografias ou negativos na câmara escura,[5] hoje as tecnologias digitais poderosas e acessíveis tornaram essa tarefa acessível para praticamente qualquer pessoa. As falsificações digitais, cada vez mais difíceis de detectar, proliferam em revistas científicas, jornais, redes sociais, campanhas políticas e *websites*. A ampla disponibilidade de *softwares* de edição de imagens, muitas vezes gratuitos ou de baixo custo, como Photoshop, PhotoPlus, GIMP, entre outros, facilitou a adulteração de imagens digitais, tornando a prática cada vez mais comum. Além disso, as novas tecnologias permitem gerar gráficos fotorrealistas, muitas vezes indistinguíveis para os espectadores.[6] Logo, a manipulação de imagens não está mais limitada apenas a especialistas, como acontecia no passado.

2. MANIPULAÇÃO DE IMAGENS DIGITAIS

As técnicas de manipulação de imagens digitais podem ser classificadas em três categorias. A primeira – *adulteração* – envolve a manipulação direta (adição, modificação ou remoção) da superfície visível da imagem, permitindo tanto alterar o contexto dos elementos da cena quanto modificar a aparência dos objetos sem

---

5. MISHRA, Minati; ADHIKARY, M. C. Digital image tamper detection techniques: a comprehensive study. *International Journal of Computer Science and Business Informatics*, Balasore, Índia, v. 8, n. 1, p. 1-10, 2022.
6. GROWCOOT, Matt. The AI images that shook the photography world in 2023. *PetaPixel*. 28 dez. 2023.

mudar o contexto. O retoque, método que envolve corrigir as cores, melhorar o contraste e brilho, remover as imperfeições e ajustar nitidez, é um exemplo de adulteração sem mudança de contexto. Para fins judiciais, porém, a problemática reside na adulteração de imagem com mudança de contexto, que pode ser realizada combinando elementos de diferentes imagens para criar uma nova cena ou duplicando partes da imagem para esconder ou adicionar elementos. Essa espécie de manipulação pode induzir uma pessoa ao erro ao visualizar a foto, levando-a a acreditar em uma representação falsa da realidade.

A figura 3, capturada em novembro de 1997 após um ataque terrorista no templo de Hatshepsut, em Luxor, no Egito, é um exemplo notório de adulteração digital com mudança de contexto. Durante o episódio, que ficou conhecido como "Massacre de Luxor", seis terroristas islâmicos mataram 58 turistas utilizando facas e metralhadoras. Logo após o massacre, os extremistas armados sequestraram um ônibus e escaparam em direção ao Vale das Rainhas, mas foram abatidos durante um confronto com a polícia e com as forças militares. A fotografia original do ataque terrorista, apresentada à direita, exibia uma poça de água no local do ataque. Na imagem digitalmente adulterada, à esquerda, a água foi manipulada para parecer sangue fluindo do templo:

Figura 3 – Ataque terrorista no templo de Hatshepsut

Crédito: ResearchGate

A segunda técnica de manipulação de imagem digital – *esteganografia* – envolve ocultar informações dentro de uma imagem de forma que não seja perceptível a olho nu. Com ela, busca-se esconder uma mensagem dentro de outra sem levantar suspeitas, de forma que o conteúdo só possa ser detectado pelo destinatário pretendido.[7] Assim como a criptografia, a esteganografia é uma técnica

---

7. AGARWAL, Monika. Text steganographic approaches: a comparison. *International Journal of Network Security & Its Applications (IJNSA)*, Jabalpur, v. 5, n. 1, p. 1-11, jan. 2013.

de transferência segura de dados pela Internet. A diferença fundamental entre ambas é que, enquanto a criptografia embaralha uma mensagem para ocultar seu conteúdo, a esteganografia oculta a própria existência da mensagem. As aplicações da esteganografia são diversas, abrangendo setores como o militar, agências de inteligência, eleições online, bancos na internet, imagens médicas, entre outras.[8] Apesar da importância da esteganografia em diversas áreas, a utilização dessa técnica no campo jurídico é extremamente rara.

A terceira técnica – *computação gráfica* – é um dos maiores desafios dos peritos em multimídia forense e dos atores judiciários.[9] Mais do que uma técnica, a computação gráfica é uma área especializada da Ciência da Computação que se concentra na geração, manipulação e análise de imagens por meio de computadores. Sua popularização ocorreu com o advento de placas gráficas e APIs livres, e está presente em praticamente todas as áreas do conhecimento humano. Se o leitor alguma vez já teve dificuldades em distinguir uma fotografia de uma pintura,[10] não conseguindo decidir se o que está diante de seus olhos é uma obra de arte feita à mão ou uma captura do mundo real, saiba que atualmente a computação gráfica, potencializada pela IA, é capaz de gerar imagens tão fotorrealistas que muitas vezes são impossíveis de diferenciar de fotografias reais.[11]

A segunda – esteganografia – e a terceira técnica – computação gráfica – de manipulação de imagens digitais são mais avançadas, normalmente exigindo habilidades especiais. Em contraste, a primeira técnica – adulteração – não requer um conhecimento tão aprofundado, podendo ser realizada por indivíduos mal-intencionados por meio de *softwares* de edição de imagem gratuitos ou de baixo custo. Isso torna a adulteração de imagens uma ameaça potencialmente mais comum em casos judiciais. Por isso, para os fins deste capítulo, vamos nos concentrar na primeira modalidade.

3. DETECTANDO ADULTERAÇÕES EM IMAGENS DIGITAIS

A perícia em imagens digitais consiste no processo de análise técnica e científica de imagens digitais, com o objetivo de verificar sua autenticidade e integridade. O perito que decide atuar nessa área da multimídia forense deve

---

8. SUMATHI, Chellammal Purushothaman; SANTANAM, Thangavelu; UMAMAHESWARI, Govindarajan. A study of various steganographic techniques used for information hiding. *International Journal of Computer Science & Engineering Survey (IJCSES)*, Chennai, v. 4, n. 6, p. 9-12, dez. 2013.
9. MANSSOUR, Isabel Harb; COHEN, Marcelo. Introdução à computação gráfica. *Revista de Computação Gráfica*, São Paulo, v. 12, n. 3, p. 45-58, out. 2023.
10. CUTZU, Florin; HAMMOUD, Riad; LEYKIN, Alex. Estimating the photorealism of images: distinguishing paintings from photographs. *Indiana University*, Bloomington, IN, p. 1-12, 2003.
11. LYU, Siwei; FARID, Hany. How realistic is photorealistic? *Dartmouth College*, Hanover, NH, p. 1-10, 2005.

dominar as técnicas de detecção de adulteração em imagens digitais, aplicando métodos avançados de processamento de imagens e análise de metadados. As técnicas de detecção de adulteração de imagens digitais são classificadas em dois grupos: ativas e passivas. Quando qualquer informação, como uma marca d'água, foi previamente incorporada na imagem, a abordagem ativa é utilizada. Por outro lado, as técnicas passivas não requerem informações prévias sobre a imagem nem a pré-incorporação de marcas d'água ou assinaturas digitais. Com elas, é possível detectar adulterações mesmo sem a foto original, analisando *pixels*, princípios físicos e aspectos geométricos. Em razão dessas características, as técnicas passivas são mais populares e amplamente estudadas.[12] Entre elas, destacam-se:

3.1 Detecção de cópia-movimento (*copy-move*)

Nessa técnica, também conhecida como clonagem, o perito examina a imagem digital em busca de regiões duplicadas.[13] O processo envolve detectar áreas onde uma parte da imagem foi copiada e movida para outra localização na mesma imagem. Comparar a similaridade entre essas regiões é fundamental para identificar potenciais adulterações. Na Figura 4, a bandeira decorativa vermelha, originalmente posicionada na parte inferior esquerda da primeira imagem, foi clonada e inserida na parte superior esquerda da segunda imagem, em tamanho maior:

Figura 4 – Detecção de cópia-movimento

Crédito: Abdulqader et al.

---

12. MISHRA, Minati; ADHIKARY, M. C. Digital image tamper detection techniques: a comprehensive study. *International Journal of Computer Science and Business Informatics*, Balasore, Índia, v. 8, n. 1, p. 1-10, 2022.
13. TIMOTHY, Divya Prathana; SANTRA, Ajit Kumar. Detecting digital image forgeries with copy-move and splicing image analysis using deep learning techniques. *International Journal of Advanced Computer Science and Applications*, Vellore, v. 15, n. 5, p. 1-10, 2024.

3.2 Detecção de emenda (*splicing*)

Nessa técnica, o perito examina a imagem em busca de áreas onde partes de diferentes imagens foram combinadas para criar uma nova composição.[14] O processo envolve identificar inconsistências nas bordas e nas texturas entre as áreas emendadas. Na Figura 5, duas imagens distintas, uma de uma montanha coberta por vegetação verde e outra de uma águia, foram combinadas para formar uma terceira imagem, na qual a águia é representada sobrevoando a montanha:

Figura 5 – Detecção de emenda

Crédito: Abdulqader et al.

3.3 Análise de metadados

Aqui, o perito examina os metadados da imagem, que são, de modo simplificado, os dados sobre dados. Imagens contêm uma vasta quantidade de dados e até mesmo o processo de captura de uma foto deixa registros adicionais.[15] Ao analisar e comparar os metadados, o perito é capaz de identificar indícios de falsificações. Grande parte das fotos capturadas por câmeras digitais atualmente inclui os chamados "dados EXIF", que armazenam dados como data e hora, geolocalização, configurações da câmera, informações da lente, condições de disparo, entre outros.[16] O EXIF (*Extended File Information*) foi criado pela *Japan Electronic Industries Development Association* (JEIDA) para padronizar a maneira como as câmeras digitais armazenam informações técnicas sobre as fotos. Diversos fabricantes de câmeras digitais, como Canon, Sony e Kodak, implementam o padrão EXIF em seus dispositivos. Para fins de ilustração, a seguir é apresentado

---

14. ABDULQADER, Mohammed Fakhrulddin; DAWOD, Adnan Yousif; ABLADH, Ann Zeki. Detection of tamper forgery image in security digital image. *Measurement: Sensors*, v. 27, jun. 2023.
15. MANI, Renu Gopal; PARTHASARATHY, Rahul; ESWARAN, Sivaraman; HONNAVALLI, Prasad. A survey on digital image forensics: metadata and image forgeries. *International Journal of Innovative Research in Science, Engineering and Technology*, Bengaluru, v. 5, Issue 1, p. 1-10, janeiro 2016.
16. ALVAREZ, Paul. Using Extended File Information (EXIF) file headers in digital evidence analysis. *International Journal of Digital Evidence*, Winter 2004, v. 2, Issue 3.

um exemplo de cabeçalho EXIF, extraído de um retrato do presidente dos Estados Unidos, Joe Biden, com ferramenta MetaData2GO:

Tabela 1 – Extração de metadados

Crédito: The White House

Ao analisar os dados EXIF de uma imagem, o perito pode verificar informações detalhadas sobre a criação e modificações posteriores da imagem. Os dados EXIF frequentemente revelam a data e a hora em que a imagem foi capturada, bem como eventuais alterações feitas posteriormente, incluindo muitas vezes o *software* utilizado para tais modificações. As modificações detectadas nos dados EXIF nem sempre apontam para adulteração de contexto da imagem, como no caso de fotógrafos que, após capturar a imagem, realizam ajustes de cor, brilho e contraste usando softwares como Adobe Lightroom. Contudo, as alterações identificadas nos dados EXIF podem levantar suspeitas e servir como ponto de partida para investigações mais aprofundadas.

3.4 Análise de consistência de iluminação

Nessa técnica, o perito verifica eventuais inconsistências na iluminação das diferentes partes da imagem, que podem indicar a inserção de elementos externos. Em uma foto autêntica, a luz vem de uma direção consistente, criando sombras e reflexos uniformes. Quando uma imagem é adulterada, sobretudo ao combinar elementos de diferentes fotografias, as fontes de luz podem ser inconsistentes. Duas fotos raramente são capturadas sob condições de iluminação idênticas. Sendo assim, analisar sombras e reflexos pode expor as inconsistências.[17] Na figura 6, a sombra aderente na pata do pássaro é inconsistente com as outras quatro sombras, indicando que a ave foi inserida na imagem por meio de emenda (*splicing*):

---

17. FARID, Hany. *Photo Forensics*. Cambridge: MIT Press, 2019.

Figura 6 – Análise de consistência de iluminação

Crédito: Hany Farid

3.5 Outras técnicas disponíveis

Existem outras técnicas disponíveis, como a *Error Level Analysis* (ELA), onde o perito identifica variações nos níveis de compressão dentro da imagem,[18] e a análise de variação de *pixel*, em que o *expert* examina os *pixels* da imagem digital para encontrar anomalias estatísticas.[19] Em muitas situações, é necessário utilizar *softwares* forenses para uma análise mais precisa, bem como para fundamentar as conclusões no laudo pericial. Entre os principais está o Amped Authenticate,[20] que permite analisar e detectar adulterações em vídeos e imagens digitais. O *software* verifica a integridade de arquivos de imagem e de vídeo, contando com mais de 40 funcionalidades, como processamento em lote, comparação lado a lado e acesso a recursos *web* para busca reversa.

O Amped Authenticate tem também um filtro para detecção de *deepfakes*. A empresa responsável pelo *software* desenvolveu e treinou uma rede neural profunda para detectar imagens geradas por GANs (*Generative Adversarial Networks*, ou Redes Generativas Adversárias, em português). O sistema foi testado de forma independente pelos organizadores do evento *Deepfake Challenge*, pro-

---

18. XUE, Junxiao; WANG, Yabo; TIAN, Yichen; LI, Yafei; SHI, Lei; WEI, Lin. Detecting fake news by exploring the consistency of multimodal data. *Information Processing and Management*, Oxford, v. 58, n. 1, 2021.
19. ANSARI, Mohd Dilshad; GHRERA, Shashank Prabhakar; TYAGI, Vipin. Pixel-based image forgery detection: a review. *IETE Journal of Education*, Waknaghat, HP, India; Raghogarh, MP, India, v. 55, n. 3, pp. 95-102, jul./set. 2015.
20. Disponível em: https://ampedsoftware.com/authenticate. Acesso em: 4 ago. 2024.

movido pela Universidade de Catânia, na Itália, e obteve uma pontuação geral de precisão de 90,05%:

Figura 7 – Detecção de *deepfakes*

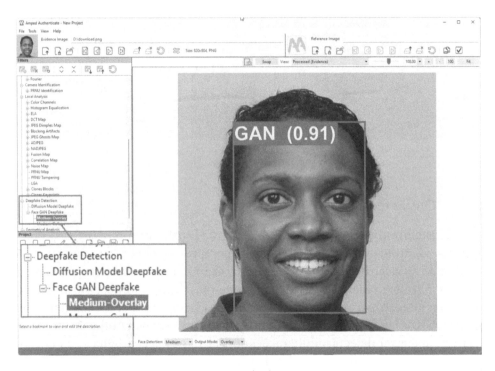

Crédito: Amped Authenticate

Há também ferramentas forenses *web* que podem auxiliar o trabalho pericial, mas que, por serem gratuitas e abertas ao público, nem sempre incluem as últimas atualizações no âmbito da detecção de adulteração de imagens digitais. Um exemplo é o FotoForensics,[21] um site criado e mantido pela Hacker Factor, que oferece recursos como cálculo de *hash*, análise de níveis de compressão (ELA), exame do perfil de cores ICC (International Color Consortium), extração de *strings* de texto presentes na imagem ou nos metadados, detecção de *pixels* ocultos e informações sobre a origem da imagem. O FotoForensics foi inspirado no site *errorlevelanalysis.com*, criado pelo especialista em fotografia forense Pete Ringwood. Em 2012, quando Ringwood decidiu descontinuar o site, a Hacker Factor recriou a plataforma, mantendo os princípios básicos de Ringwood: oferecer um serviço gratuito para introduzir os usuários à fotografia forense.

---

21. Disponível em: https://fotoforensics.com. Acesso em: 4 ago. 2024.

Figura 8 – FotoForensics

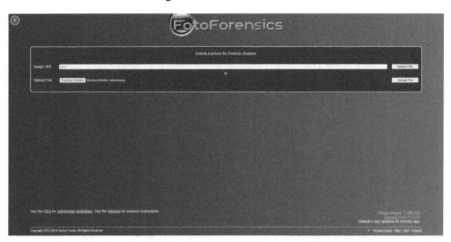

Crédito: FotoForensics

Outra ferramenta forense gratuita e aberta ao público é a Forensically.[22] Criada em 2015 pelo engenheiro de *software* Jonas Wagner, que atualmente exerce a função de *head* de tecnologia da Tutti, plataforma online líder na Suíça para anúncios classificados, a Forensically inclui funcionalidades como detecção de clones, extração de metadados, análise de níveis de compressão (ELA), informações de geolocalização incorporadas na imagem (se disponíveis), análise de miniatura da imagem para identificar discrepâncias entre a miniatura e a imagem em tamanho real, exame da qualidade de compressão JPEG da imagem, varredura de níveis de intensidade na imagem, entre outras.

---

22. Disponível em: https://29a.ch/photo-forensics. Acesso em: 4 ago. 2024.

Figura 9 – Forensically

Crédito: Forensically

Em suma, tanto a FotoForensics quanto a Foresincally servem como instrumentos auxiliares, permitindo ao perito visualizar detalhes que, de outra forma, permaneceriam ocultos. Ao analisar os sites de ambas as ferramentas, é evidente o cuidado em oferecer uma ampla gama de recursos úteis. No entanto, por serem ferramentas abertas ao público e sem um modelo de monetização, presume-se que não há uma equipe dedicada constantemente à atualização e assistência técnica. A ausência dessa estrutura impacta a confiabilidade e a evolução contínua de ambas as ferramentas, tornando temerário para o perito basear um laudo pericial exclusivamente nos resultados fornecidos por elas.

4. CONSIDERAÇÕES FINAIS

A manipulação de imagens digitais, hoje amplificada pelas novas tecnologias, tem raízes profundas na história da humanidade. Desde os primeiros exemplos durante a Guerra Civil Americana, passando pelo regime de Stalin, até o presente, essa prática sempre serviu como uma poderosa ferramenta para moldar percepções e reescrever a história. As abordagens se tornaram cada vez mais sofisticadas e acessíveis, graças a *softwares* de edição avançados e ferramentas de inteligência artificial, permitindo que praticamente qualquer pessoa modifique imagens de modo convincente. A proliferação das falsificações, especialmente quando utilizadas como provas em processos judiciais, realça a necessidade de peritos especializados em multimídia forense, que possuam habilidades técnicas para identificar e analisar adulterações em imagens digitais.

Conforme observado, há três principais categorias de manipulação de imagens digitais. A adulteração, que envolve a modificação direta da imagem, é especialmente preocupante em casos judiciais devido à sua acessibilidade e capacidade de alterar o contexto visual, levando a erros de interpretação. A esteganografia e a computação gráfica, embora menos comuns no âmbito jurídico, também apresentam riscos devido à sua capacidade de ocultar informações ou criar imagens altamente realistas que podem enganar até mesmo observadores experientes. A crescente sofisticação dessas técnicas vem tornando o trabalho pericial cada vez mais desafiador, exigindo métodos avançados de detecção e análise para identificar adulterações nas mídias digitais.

A detecção de adulterações em imagens digitais é um campo complexo que exige uma abordagem técnica e científica rigorosa. Os peritos precisam dominar uma variedade de técnicas, tanto ativas quanto passivas, com especial destaque para essa segunda categoria, para verificar a autenticidade e a integridade das imagens digitais. Detecção de detecção de clonagem e emenda, análise de metadados e consistência de iluminação são métodos fundamentais para identificar as adulterações nas imagens digitais, que estão cada vez mais sofisticadas. Ao mesmo tempo, ferramentas forenses fornecem suporte durante o processo, embora alternativas gratuitas apresentem limitações.

O futuro da manipulação de imagens digitais promete ser ainda mais desafiador, impulsionado pelos avanços contínuos da IA. Ferramentas de IA generativa estão se tornando cada vez mais habilidosas na criação de imagens fotorrealistas, capazes de enganar os observadores mais experientes. Daí a necessidade de adotarmos, enquanto peritos e profissionais da área jurídica, uma postura de aprendizado contínuo (*lifelong learning*), capacitando-nos permanentemente para enfrentar os novos desafios.

REFERÊNCIAS

ABDULQADER, Mohammed Fakhruldin; DAWOOD, Adnan Yousif; ALDAH, Anni Zeidk. Detection of tamper forgery image in security digital image. *Measurement: Sensors*, v. 27, jun. 2023.

AGARWAL, Monika. Text steganographic approaches: a comparison. *International Journal of Network Security & Its Applications (IJNSA)*, Jabalpur, v. 5, n. 1, p. 1-11, jan. 2013.

ANSARI, Mohd Dilshad; GHRERA, Shashank Prabhakar; TYAGI, Vipin. Pixel-based image forgery detection: a review. *IETE Journal of Education*, Waknaghat, HP, India; Raghogarh, MP, India, v. 55, n. 3, p. 95-102, jul./set. 2015.

ALVAREZ, Paul. Using Extended File Information (EXIF) file headers in digital evidence analysis. *International Journal of Digital Evidence*, Winter 2004, v. 2, Issue 3.

CUTZU, Florin; HAMMOUD, Riad; LEYKIN, Alex. Estimating the photorealism of images: distinguishing paintings from photographs. *Indiana University*, Bloomington, IN, p. 1-12, 2003.

FARID, Hany. *Photo Forensics*. Cambridge: MIT Press, 2019.

GROWCOOT, Matt. The AI images that shook the photography world in 2023. In: *PetaPixel*. 28 dez. 2023.

LYU, Siwei; FARID, Hany. How realistic is photorealistic? *Dartmouth College*, Hanover, NH, p. 1-10, 2005.

MACDONALD, Fiona. A manipulação de imagens pelos soviéticos, muito antes da era das 'fake news'. *BBC Culture*. 30 jan. 2018.

MANI, Renu Gopu; PARTHASARATHY, Rahul; ESWARAN, Sivaraman; HONNAVALLI, Prasad A. Survey on digital image forensics: metadata and image processing techniques. *Journal of Innovative Research in Science, Engineering and Technology*, Bengaluru, v. 5, Issue 1, p. 1-10, jan. 2016.

MANSSOUR, Isabel Harb; COHEN, Marcelo. Introdução à computação gráfica. *Revista de Computação Gráfica*, São Paulo, v. 12, n. 3, p. 45-58, out. 2023.

MISHRA, Minati; ADHIKARY, M. C. Digital image tamper detection techniques: a comprehensive study. *International Journal of Computer Science and Business Informatics*, Balasore, India, v. 8, n. 1, p. 1-10, 2022.

ORWELL, George. *1984*. São Paulo: Companhia das Letras, 2009.

SUMATHI, Chellammal Purushothaman; SANTANAM, Thangavelu; UMAMAHESWARI, Govindarajan. A study of various steganographic techniques used for information hiding. *International Journal of Computer Science & Engineering Survey (IJCSES)*, Chennai, v. 4, n. 6, p. 9-12, dez. 2013.

TIMOTHY, Divya Prathana; SANTRA, Ajit Kumar. Detecting digital image forgeries with copy-move and splicing image analysis using deep learning techniques. *International Journal of Advanced Computer Science and Applications*, Vellore, v. 15, n. 5, p. 1-10, 2024.

WEEKS, Linton A very weird photo of Ulysses S. Grant. *NPR History Dept.* 27 out. 2015.

XUE, Junxiao; WANG, Yabo; TIAN, Yichen; LI, Yafei; SHI, Lei; WEI, Lin. Detecting fake news by exploring the consistency of multimodal data. *Information Processing and Management*, Oxford, v. 58, n. 1, 2021.

PERÍCIA EM VÍDEO

Petterson Faria de Souza

1. INTRODUÇÃO

A perícia em vídeo é uma ferramenta essencial em investigações, especialmente em processos judiciais. Sua principal função é analisar gravações de vídeo para garantir sua autenticidade e assegurar que não tenham sido alteradas. Esses vídeos são frequentemente utilizados como provas em tribunais, e seu exame minucioso é crucial para a confirmação dos fatos apresentados.

Com o uso crescente de câmeras e dispositivos móveis, os vídeos estão se tornando uma parte importante das investigações. No entanto, as ferramentas de edição de vídeo também evoluíram, facilitando a manipulação de imagens. Por isso, é cada vez mais necessário verificar cuidadosamente os vídeos utilizados como provas, observando detalhes como a data e o local da gravação, além de garantir que não houve modificações.

Dois aspectos são fundamentais na análise de vídeos: garantir que o vídeo é original e confirmar que ele não foi alterado após sua gravação. Para isso, os peritos forenses examinam informações registradas no próprio arquivo de vídeo, como a data de criação e o dispositivo utilizado para a gravação. Esse processo é essencial para evitar que vídeos adulterados sejam aceitos como evidências.

Além de analisar o conteúdo dos vídeos, é imprescindível assegurar a coleta e preservação adequadas dessas gravações. Os vídeos devem ser armazenados de forma segura, e todo o processo de manuseio deve ser rigorosamente documentado para garantir que o material permaneça confiável ao longo do tempo.

À medida que surgem novas tecnologias de edição de vídeos, a perícia também precisa se adaptar. As tentativas de manipular vídeos estão se tornando mais sofisticadas, exigindo que os especialistas se mantenham atualizados para identificar qualquer alteração. Com o tempo, espera-se que novas ferramentas tornem mais fácil a identificação de fraudes, tornando a perícia em vídeo cada vez mais eficiente na busca pela justiça.

2. DEFINIÇÃO E IMPORTÂNCIA DA PERÍCIA EM VÍDEO

A perícia em vídeo refere-se ao processo de análise técnica e científica de gravações com o objetivo de verificar sua autenticidade, origem e conteúdo. Esse tipo de perícia é essencial em diversas áreas, como a criminalística, segurança pública e justiça, uma vez que os vídeos são frequentemente utilizados como provas em investigações e processos judiciais.[1]

A importância da perícia em vídeo reside em sua capacidade de fornecer evidências objetivas e robustas. Peritos especializados utilizam ferramentas avançadas e metodologias rigorosas para detectar manipulações, edições ou falsificações em vídeos. Além disso, a perícia pode ajudar a identificar pessoas, objetos e eventos registrados, proporcionando uma compreensão mais clara e precisa dos fatos.[2]

Dessa forma, a perícia em vídeo desempenha um papel crucial na garantia da integridade e veracidade das provas audiovisuais, contribuindo para a resolução de casos complexos e para a promoção da justiça.

3. CONTEXTO HISTÓRICO E EVOLUÇÃO

A perícia em vídeo, como campo especializado, foi impulsionada pelo avanço das tecnologias de gravação e reprodução de vídeos. Nos primórdios, a análise era limitada pela qualidade das imagens e pela falta de ferramentas específicas para verificação de autenticidade.[3] Com o tempo, a introdução de câmeras digitais, softwares de edição e técnicas de compressão de vídeo trouxe novos desafios e oportunidades para os peritos.

Na década de 1980, com a popularização das câmeras de vídeo portáteis, o número de gravações aumentou significativamente. Isso exigiu aprimoramentos nos métodos de análise forense para atender à crescente demanda por verificações de autenticidade e análise de conteúdo. A partir dos anos 2000, o advento das redes sociais e das plataformas de compartilhamento de vídeos revolucionou ainda mais o campo. Vídeos capturados por dispositivos móveis passaram a ser amplamente utilizados como evidências em investigações policiais e processos judiciais.[4]

Atualmente, a perícia em vídeo utiliza tecnologias de ponta, como inteligência artificial e algoritmos de aprendizado de máquina, para analisar grandes volumes de dados de vídeo de forma eficiente. Técnicas modernas permitem detectar manipulações sutis e identificar padrões que poderiam passar despercebidos a olho nu. Além disso, a integração de dados de diferentes fontes, como metadados de

---

1. SOUZA, R. O. A. *A perícia criminal no Brasil: explanação histórica, legislativa e a função do perito*. 2011. Trabalho de Conclusão de Curso (Licenciatura em Química) – Universidade de Brasília, Brasília, DF, 2011. Disponível em: https://bdm.unb.br/bitstream/10483/3492/1/2011_RaquelOliveiradeSouza.pdf. Acesso em: 10 ago. 2022.
2. FERNANDES, J. R. *Perícias em áudios e imagens forenses*. Campinas: Millennium, 2014.
3. SOUZA, R. O. A. *A perícia criminal no Brasil: explanação histórica, legislativa e a função do perito*. 2011. Trabalho de Conclusão de Curso (Licenciatura em Química) – Universidade de Brasília, Brasília, DF, 2011. Disponível em: https://bdm.unb.br/bitstream/10483/3492/1/2011_RaquelOliveiradeSouza.pdf. Acesso em: 10 ago. 2022.
4. FERNANDES, J. R. *Perícias em áudios e imagens forenses*. Campinas: Millennium, 2014.

arquivos e informações de localização, enriquece a análise e aumenta a precisão dos resultados.[5]

A evolução da perícia em vídeo reflete a necessidade contínua de adaptação às novas tecnologias e aos desafios emergentes. À medida que as técnicas de falsificação e edição de vídeo se tornam mais sofisticadas, os peritos precisam estar em constante atualização para garantir a integridade das provas audiovisuais. Dessa forma, a perícia em vídeo continua a desempenhar um papel vital na aplicação da lei e na administração da justiça.

4. EQUIPAMENTOS UTILIZADOS NA PERÍCIA EM VÍDEO

A perícia em vídeo envolve o uso de diversos equipamentos especializados para garantir a integridade e a análise precisa dos materiais audiovisuais. Entre os equipamentos mais comuns estão as câmeras de alta resolução, utilizadas para capturar imagens com detalhes minuciosos, permitindo uma análise mais detalhada. Além disso, gravadores de vídeo digitais são empregados para assegurar que as imagens e o áudio sejam capturados sem perda de qualidade.[6]

Outro equipamento essencial é o estabilizador de imagem, que ajuda a corrigir trepidações ou movimentos indesejados na filmagem original. Isso é especialmente útil quando a gravação foi realizada em condições não ideais, como em locais com muita movimentação ou com iluminação inadequada.

Figura 1 – Estabilizador Zhiyun Smooth Q3

---
5. DELLA VECCHIA, Evandro. *Perícia Digital*: da investigação à análise forense. Campinas: Millenium Ed., 2014.
6. DELLA VECCHIA, Evandro. *Perícia Digital*: da investigação à análise forense. Campinas: Millenium Ed., 2014.

Estabilizadores podem ser encontrados a partir de R$70,00, mas há modelos que podem custar mais de R$20.000,00. Na Figura 1, é possível observar um estabilizador Zhiyun Smooth Q3, com preço cotado em R$549,00 (Fonte: Amazon.com).

Também são utilizados programas de ampliação de imagem, que permitem aumentar a resolução de partes específicas do vídeo para analisar detalhes que, de outra forma, não seriam visíveis.

Além disso, os peritos em vídeo utilizam analisadores de espectro de áudio e vídeo, que ajudam a identificar e corrigir possíveis anomalias nos sinais capturados. Esses analisadores permitem visualizar a representação gráfica dos sinais de áudio e vídeo, facilitando a identificação de problemas, como ruídos e interferências.[7] Em resumo, a perícia em vídeo requer uma combinação de equipamentos de captura de alta qualidade, softwares de análise e ferramentas de correção para garantir resultados precisos e confiáveis.

5. *SOFTWARES* E FERRAMENTAS DE ANÁLISE

A análise de vídeo forense não se limita ao uso de equipamentos físicos; o software desempenha um papel igualmente crucial. Existem várias ferramentas de software que são indispensáveis para a análise forense de vídeos.

Um dos softwares mais utilizados é o de edição e análise de vídeo, que permite aos peritos visualizar, editar e manipular as gravações. Esses programas possibilitam a aplicação de filtros, ajustes de cor e contraste, além da remoção de ruídos, o que é essencial para melhorar a qualidade das imagens e facilitar a identificação de detalhes importantes.[8] Softwares como ImageJ são frequentemente utilizados para essas tarefas.

Figura 2 – Visão geral do software ImageJ

Fonte: Elaboração do autor.

---

7. SOUZA, R. O. A. *A perícia criminal no Brasil*: explanação histórica, legislativa e a função do perito. 2011. Trabalho de Conclusão de Curso (Licenciatura em Química) – Universidade de Brasília, Brasília, DF, 2011. Disponível em: https://bdm.unb.br/bitstream/10483/3492/1/2011_RaquelOliveiradeSouza.pdf. Acesso em: 10 ago. 2022.
8. DELLA VECCHIA, Evandro. *Perícia Digital*: da investigação à análise forense. Campinas: Millenium Ed., 2014.

Nos últimos anos, desde seu primeiro lançamento público em 2022, o Peritus tem chamado atenção por sua versatilidade.

Figura 3 – Visão geral de novo caso no Peritus

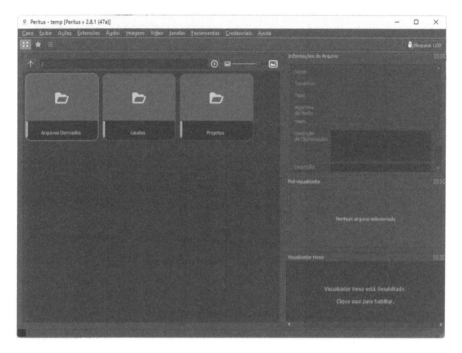

Fonte: Elaboração do autor.

Para peritos com experiência em programação e códigos, o Python, por meio da biblioteca OpenCV, e softwares como Matlab e GNU Octave se revelam poderosas ferramentas para análise avançada.

Figura 4 – Visão geral do GNU Octave

Fonte: Elaboração do autor.

Outro software importante é o de sincronização de áudio e vídeo. Em muitos casos, os peritos precisam garantir que o áudio capturado esteja perfeitamente sincronizado com o vídeo. Softwares especializados ajudam a corrigir desvios de sincronização, assegurando que a análise seja precisa.

Além disso, programas de reconhecimento de padrões e montagem de vídeo são utilizados para identificar objetos ou pessoas em uma filmagem. Esses softwares podem automatizar a detecção de rostos, placas de veículos ou outros elementos de interesse, tornando o processo de análise mais eficiente e preciso.[9]

O software de comparação de vídeo também desempenha um papel fundamental. Ele permite que os peritos comparem diferentes gravações para identificar alterações, manipulações ou inconsistências. Isso é especialmente útil em casos em que a autenticidade do vídeo está em questão.[10]

Por fim, os softwares de gestão de evidências digitais são essenciais para organizar, catalogar e preservar os vídeos analisados. Eles garantem que todas as etapas do processo de análise sejam documentadas e que as evidências sejam mantidas de forma segura e acessível.

---

9. FERNANDES, J. R. Perícias em áudios e imagens forenses. Campinas: Milennium, 2014.
10. SOUZA, R. O. A. A perícia criminal no Brasil: explanação histórica, legislativa e a função do perito. 2011. Trabalho de Conclusão de Curso (Licenciatura em Química) – Universidade de Brasília, Brasília, DF, 2011. Disponível em: https://bdm.unb.br/bitstream/10483/3492/1/2011_RaquelOliveiradeSouza.pdf. Acesso em: 10 ago. 2022.

Em suma, os softwares e ferramentas de análise são componentes vitais na perícia em vídeo, complementando os equipamentos físicos e permitindo uma análise aprofundada e precisa dos materiais audiovisuais.

6. COLETA E PRESERVAÇÃO DE EVIDÊNCIAS EM VÍDEO

A coleta e preservação de evidências em vídeo são etapas cruciais no processo de investigação forense. A integridade das evidências deve ser mantida desde o momento da coleta até sua apresentação em tribunal. Isso envolve a adoção de procedimentos rigorosos para garantir que os vídeos não sejam alterados ou corrompidos durante o manuseio.[11]

Inicialmente, é essencial utilizar métodos adequados para capturar e armazenar os vídeos, incluindo o uso de dispositivos de gravação padrão e a implementação de protocolos de transferência de dados seguros. Uma vez coletados, os vídeos devem ser armazenados em um ambiente controlado, com acesso restrito a pessoal autorizado, para evitar manipulações não autorizadas.[12]

É recomendada a leitura de normas e publicações de grupos de trabalho, como o SWGDE, que oferece diretrizes como "Melhores práticas para análise de vídeo forense digital". Outro documento importante é o Procedimento Operacional Padrão (POP), elaborado pelo Ministério da Justiça e Segurança Pública. Um POP é um estudo técnico que descreve os requisitos e atividades necessárias para alcançar um determinado resultado esperado.

Além disso, é fundamental documentar detalhadamente cada passo do processo de coleta e preservação. A documentação deve incluir informações sobre o dispositivo de gravação, as condições ambientais no momento da captura e qualquer manipulação subsequente dos arquivos de vídeo. Manter um registro meticuloso ajuda a estabelecer a cadeia de custódia das evidências, o que é essencial para garantir sua admissibilidade em tribunal.[13] Sobre esse tema, há publicações relevantes como a RFC 3227 e a norma ABNT ISO/IEC 27037:2013.

Finalmente, a implementação de técnicas de verificação de integridade, como a geração de hashes criptográficos, fornece uma camada adicional de segurança. Ao comparar os hashes gerados no momento da coleta com aqueles gerados durante a análise, pode-se confirmar que os vídeos não foram alterados.

---

11. SOUZA, R. O. A. *A perícia criminal no Brasil*: explanação histórica, legislativa e a função do perito. 2011. Trabalho de Conclusão de Curso (Licenciatura em Química) – Universidade de Brasília, Brasília, DF, 2011. Disponível em: https://bdm.unb.br/bitstream/10483/3492/1/2011_RaquelOliveiradeSouza.pdf. Acesso em: 10 ago. 2022.
12. FERNANDES, J. R. *Perícias em áudios e imagens forenses*. Campinas: Milennium, 2014.
13. DELLA VECCHIA, Evandro. *Perícia Digital*: da investigação à análise forense. Campinas: Millenium Ed., 2014.

Para quem não utiliza linha de comando (como Bash ou PowerShell) para calcular hashes, é possível utilizar ferramentas gráficas, como o QuickHash.

Figura 5 – Visão geral do QuickHash

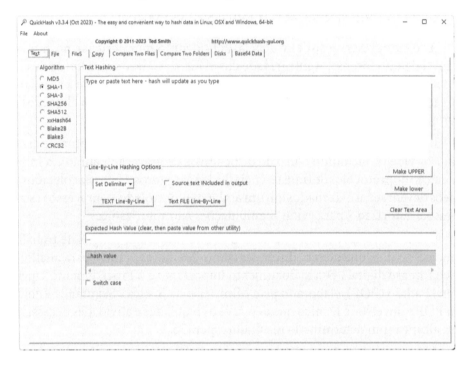

Fonte: Elaboração do autor.

Assim, a coleta e preservação adequadas de evidências em vídeo são fundamentais para assegurar a validade e a confiabilidade das provas em investigações forenses.

7. TÉCNICAS DE ANÁLISE FORENSE

A análise forense de evidências em vídeo envolve uma variedade de técnicas especializadas para extrair informações valiosas e verificar a autenticidade e integridade dos vídeos.[14] Essas técnicas são essenciais para garantir que as evidências apresentadas sejam confiáveis e não tenham sido adulteradas.

---

14. DELLA VECCHIA, Evandro. *Perícia Digital*: da investigação à análise forense. Campinas: Millenium Ed., 2014.

É importante entender que um arquivo de vídeo é, essencialmente, um conjunto de frames (imagens) em sequência, gerando o efeito de movimento. Um arquivo de vídeo pode, ou não, ser acompanhado por um canal de áudio.

Geralmente, um vídeo tem uma taxa de 30 fps. FPS significa "frames per second" (quadros por segundo), que é uma medida de quantas imagens individuais (quadros/frames) são exibidas em um segundo de vídeo. Essa taxa de quadros é crucial para determinar a fluidez e a qualidade visual do vídeo.[15]

Vídeos no padrão de televisão americano possuem uma taxa de 30 fps (ou 29.97 fps), assim como vídeos de streaming e CFTV. *CFTV* é a sigla para "Circuito Fechado de Televisão" (em inglês, CCTV – Closed-Circuit Television). Trata-se de um sistema de videomonitoramento que utiliza câmeras para transmitir sinais de vídeo para um conjunto específico de monitores, geralmente para fins de vigilância e segurança.

Figura 6 – Análise de arquivo "petterson.mp4" usando ffmpeg

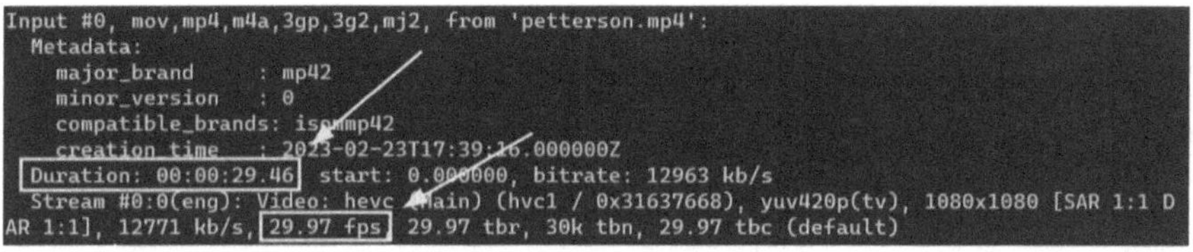

```
Input #0, mov,mp4,m4a,3gp,3g2,mj2, from 'petterson.mp4':
  Metadata:
    major_brand     : mp42
    minor_version   : 0
    compatible_brands: isommp42
    creation_time   : 2023-02-23T17:39:16.000000Z
  Duration: 00:00:29.46, start: 0.000000, bitrate: 12963 kb/s
  Stream #0:0(eng): Video: hevc (Main) (hvc1 / 0x31637668), yuv420p(tv), 1080x1080 [SAR 1:1 DAR 1:1], 12771 kb/s, 29.97 fps, 29.97 tbr, 30k tbn, 29.97 tbc (default)
```

Fonte: Elaboração do autor.

É possível observar que o vídeo tem uma duração total de 29,46 segundos e que cada segundo de vídeo contém 29,97 frames (imagens). Para extrair esses frames, podemos utilizar o *FFmpeg* com o seguinte comando:

Figura 7 – Comando para extração de frames

```
ffmpeg -i petterson.mp4 afdsummit-%03d.jpeg
```

Fonte: Elaboração do autor.

Após a execução do comando, obtivemos o seguinte resultado:

---

15. FERNANDES, J. R. *Perícias em áudios e imagens forenses*. Campinas: Milennium, 2014.

Figura 8 – Resultado da extração de frames

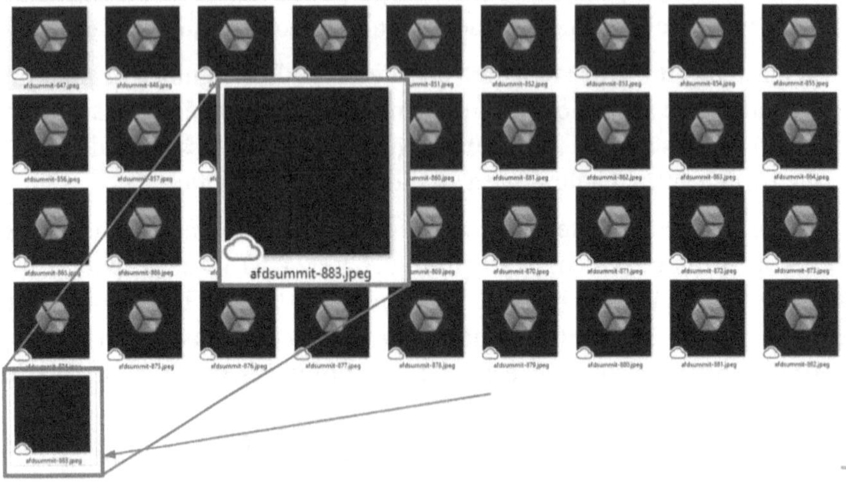

Fonte: Elaboração do autor.

Se obtivemos 883 frames, ao dividi-los por 29,97 frames por segundo, confirmamos que a duração do vídeo era de 29,46 segundos.

Após a extração dos frames, toda a metodologia utilizada na perícia de imagens é aplicada aos artefatos adquiridos. O mesmo procedimento se aplica quando extraímos o áudio de um arquivo de vídeo.

Figura 9 – Comando para extração de arquivo de áudio de um vídeo

```
ffmpeg -i petterson.mp4 -q:a 0 -map a audio.wav
```

Fonte: Elaboração do autor.

No comando utilizado, "-i petterson.mp4" especifica o vídeo de entrada a ser processado, "-q 0" define a qualidade do áudio (com 0 representando a melhor qualidade), e "-map a" mapeia apenas o fluxo de áudio do arquivo de entrada. Dessa forma, "audio.wav" é o nome do arquivo de saída contendo o áudio extraído.

Uma das técnicas fundamentais na perícia de vídeos é a análise de metadados. Metadados são informações embutidas nos arquivos que podem revelar detalhes cruciais, como data e hora da gravação, o dispositivo utilizado e até mesmo a localização geográfica.[16] Analisar esses dados pode ajudar a estabelecer a autenticidade do vídeo e identificar discrepâncias que possam indicar manipulação.

O FFmpeg é amplamente utilizado para a extração de dados e conversão de arquivos para análise pericial. Para aqueles que preferem uma interface mais amigável, o MediaInfo é uma excelente alternativa, apresentando de maneira prática informações detalhadas sobre mídias de áudio e vídeo.

Outra técnica importante é a análise de compressão e artefatos. Diferentes codecs e métodos de compressão deixam traços específicos nos arquivos de vídeo. Peritos forenses podem examinar esses traços para determinar se um vídeo foi editado ou manipulado.[17] Por exemplo, a presença de inconsistências na qualidade da imagem ou artefatos de compressão pode sugerir que o vídeo foi alterado após a gravação original.

A análise de conteúdo também é vital no exame forense de vídeos. Isso inclui a identificação de objetos, pessoas e eventos dentro do vídeo, bem como a análise de padrões de movimento e comportamento. Técnicas avançadas de reconhecimento de imagem e vídeo podem ser empregadas para automatizar parte desse processo, aumentando a precisão dos resultados.[18]

A autenticação de vídeo é outro aspecto crítico. Métodos como a análise de assinaturas digitais e marcas d'água digitais são usados para verificar a integridade dos arquivos de vídeo.[19] Esses métodos ajudam a confirmar que o vídeo não foi alterado desde sua criação e que é uma representação fiel dos eventos gravados.

A reconstrução de eventos é uma técnica que contextualiza os vídeos dentro de uma investigação mais ampla. Isso pode envolver a sincronização de múltiplos vídeos de diferentes ângulos ou fontes, a análise de áudio sincronizado com o vídeo, e até a reconstrução 3D dos cenários de interesse. Essas técnicas permitem uma compreensão mais abrangente e precisa dos eventos documentados nos vídeos.

Portanto, a análise forense de vídeos é um campo complexo que exige uma combinação de técnicas avançadas e conhecimento especializado. A aplicação

---

16. SANTOS JUNIOR, J. B.; LACAIA, J. P. *Extração e Classificação de Metadados em Mídias Digitais para Apoiar Análises Forenses*: Uma Abordagem Baseada em Informações de Contexto. Poços de Caldas: PUC Minas, 2020.
17. SANTOS JUNIOR, J. B.; LACAIA, J. P. *Extração e Classificação de Metadados em Mídias Digitais para Apoiar Análises Forenses*: Uma Abordagem Baseada em Informações de Contexto. Poços de Caldas: PUC Minas, 2020.
18. SANTOS JUNIOR, J. B.; LACAIA, J. P. *Extração e Classificação de Metadados em Mídias Digitais para Apoiar Análises Forenses*: Uma Abordagem Baseada em Informações de Contexto. Poços de Caldas: PUC Minas, 2020.
19. SANTOS JUNIOR, J. B.; LACAIA, J. P. *Extração e Classificação de Metadados em Mídias Digitais para Apoiar Análises Forenses*: Uma Abordagem Baseada em Informações de Contexto. Poços de Caldas: PUC Minas, 2020.

rigorosa dessas técnicas é essencial para garantir que as evidências em vídeo sejam confiáveis, autênticas e admissíveis em contextos jurídicos.

8. AUTENTICIDADE E INTEGRIDADE DOS VÍDEOS

A autenticidade e a integridade dos vídeos são aspectos fundamentais na análise forense, garantindo que as evidências apresentadas em investigações e processos judiciais sejam válidas e confiáveis. A autenticidade refere-se à verificação de que o vídeo é genuíno e não foi alterado desde sua criação. Já a integridade diz respeito à garantia de que o vídeo permaneceu inalterado durante todo o processo de coleta, armazenamento e análise.[20]

Para assegurar a autenticidade de um vídeo, várias técnicas podem ser empregadas. A análise de metadados é uma das primeiras etapas, permitindo verificar detalhes como a data, hora e local da gravação, além de informações sobre o dispositivo utilizado. Metadados inconsistentes ou ausentes podem levantar suspeitas sobre a autenticidade do vídeo.

A análise de assinaturas digitais e marcas d'água digitais também é crucial. Assinaturas digitais são geradas no momento da criação do vídeo e podem ser verificadas posteriormente para garantir que o conteúdo não foi alterado. Marcas d'água digitais, por outro lado, podem ser integradas ao vídeo para fornecer uma camada adicional de segurança, permitindo verificar a origem e autenticidade do conteúdo.[21]

A integridade do vídeo pode ser verificada através da geração de hashes criptográficos. Um hash é um valor único gerado a partir do conteúdo do vídeo. Ao comparar o hash gerado no momento da coleta com o hash gerado durante a análise, pode-se confirmar que o vídeo não sofreu modificações. Qualquer discrepância nos hashes indicaria que o vídeo foi alterado.

Além disso, a análise de artefatos de compressão pode revelar manipulações. Diferentes métodos de compressão deixam traços específicos nos arquivos de vídeo, e a presença de inconsistências nesses traços pode indicar edições ou adulterações. A análise de padrões de compressão é, portanto, uma ferramenta valiosa na verificação da integridade do vídeo.[22]

---

20. DELLA VECCHIA, Evandro. *Perícia Digital*: da investigação à análise forense. Campinas: Millenium Ed., 2014.
21. SANTOS JUNIOR, J. B.; LACAIA, J. P. *Extração e Classificação de Metadados em Mídias Digitais para Apoiar Análises Forenses*: Uma Abordagem Baseada em Informações de Contexto. Poços de Caldas: PUC Minas, 2020.
22. SANTOS JUNIOR, J. B.; LACAIA, J. P. *Extração e Classificação de Metadados em Mídias Digitais para Apoiar Análises Forenses*: Uma Abordagem Baseada em Informações de Contexto. Poços de Caldas: PUC Minas, 2020.

A documentação meticulosa de cada etapa do processo de coleta e preservação é igualmente importante para manter a integridade das evidências. Manter um registro detalhado ajuda a estabelecer a cadeia de custódia, fornecendo um histórico completo de quem teve acesso ao vídeo e quando. Isso é essencial para assegurar que o vídeo não foi manipulado durante o manuseio.

A autenticidade e a integridade dos vídeos são garantidas através de uma combinação de técnicas avançadas e procedimentos rigorosos. A aplicação cuidadosa dessas práticas é vital para assegurar que as evidências em vídeo sejam admissíveis e confiáveis em contextos jurídicos, protegendo a integridade do processo investigativo e judicial.

9. PROBLEMAS COMUNS NA PERÍCIA EM VÍDEO

A perícia em vídeo enfrenta diversos desafios e limitações que podem comprometer a eficácia e a precisão das análises. Entre os problemas comuns, destaca-se a qualidade do material analisado, que muitas vezes não é ideal devido a fatores como baixa resolução, compressão excessiva ou condições de gravação inadequadas, como iluminação insuficiente ou ângulos de câmera desfavoráveis. Esses fatores podem dificultar a identificação de detalhes cruciais e a obtenção de conclusões precisas.[23]

Alguns algoritmos já são conhecidos, e plugins, como no caso do ImageJ, foram desenvolvidos para facilitar a correção. Um exemplo é o plugin Motion Deblur, que reduz o desfoque causado por objetos em movimento rápido durante o processo de captura de imagem. Este algoritmo é baseado na deconvolução de Wiener. Siga as instruções do site para realizar a instalação do plugin no ImageJ.

Você pode encontrar imagens de exemplo em vários sites, como o IAForensics. Para nosso exemplo, usaremos uma imagem extraída deste site.

Utilizando o software ImageJ, vamos importar a imagem com o ruído de movimento e acessar o plugin instalado navegando nas opções *Plugins > Motion Deblur > Motion Deblur*. Dessa forma, um painel, como demonstrado na Figura 10, irá aparecer.

---

23. FERNANDES, J. R. *Perícias em áudios e imagens forenses*. Campinas: Milennium, 2014.

Figura 10 – Painel motion deblur

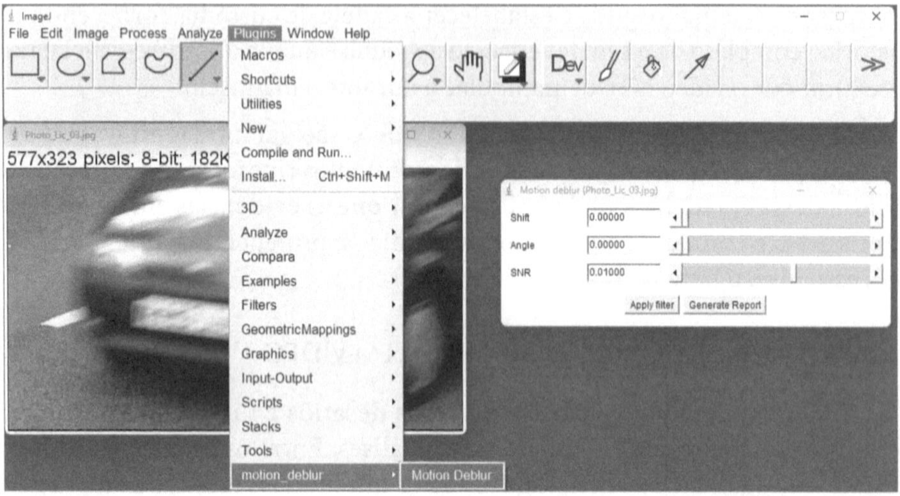

Fonte: Elaboração do autor.

Lembrando que essa imagem é um frame extraído de um vídeo que estamos utilizando como exemplo. Após a abertura do painel, selecionamos a ferramenta de "Linhas Retas" e, em seguida, sinalizamos o movimento de deslocamento identificado na imagem.

Figura 11 – Cálculo de deslocamento do movimento

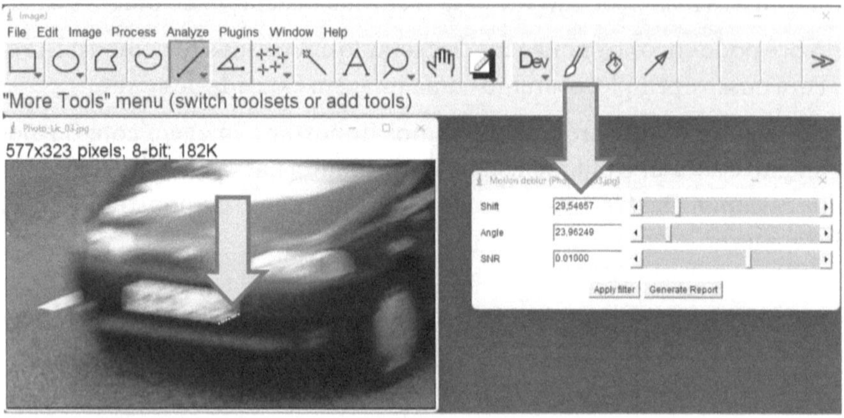

Fonte: Elaboração do autor.

Ao realizar a medição, com a ajuda do plugin, os valores de Shift (deslocamento), Angle (ângulo) e SNR (Signal-to-Noise Ratio) são preenchidos automaticamente. O SNR, que é a taxa de sinal-ruído, é definido inicialmente com um valor padrão de 0.01000. Esse valor deve ser ajustado durante o exame para obter melhores resultados, conforme o "tamanho" do ruído presente na imagem.

Figura 12 – Resultado obtido após aplicação do plugin motion deblur

Fonte: Elaboração do autor.

Dessa forma, é possível realizar ajustes de brilho e contraste ou até mesmo aplicar novos filtros para atender às demandas específicas de cada caso.

Além disso, a manipulação de vídeos tornou-se uma preocupação crescente. Com o avanço da tecnologia, ficou mais fácil alterar ou adulterar gravações de maneira quase imperceptível, o que levanta questões sobre a autenticidade do material apresentado. Técnicas forenses avançadas são necessárias para detectar sinais de manipulação, embora nem sempre seja possível garantir a integridade absoluta das evidências.[24]

Outro problema comum é a interpretação subjetiva das imagens. Diferentes peritos podem ter opiniões divergentes sobre o que é visto em um vídeo, especialmente em casos onde as imagens não são claras ou são ambíguas. Isso pode levar a conclusões conflitantes e comprometer a objetividade da perícia.

Questões relacionadas à privacidade e à legalidade do uso de gravações também são desafios significativos. A obtenção, o armazenamento e a análise de vídeos devem seguir rigorosos marcos legais e éticos para garantir que os direitos

---

24. SILVA, Tainá Oliveira. *Estudo da representação indexal de imagens no âmbito da Perícia Forense do Estado do Ceará (PEFOCE)*. 2014. 64 f. Monografia (Bacharelado em Biblioteconomia) – Departamento de Ciências da Informação, Universidade Federal do Ceará, Fortaleza, 2014.

das pessoas envolvidas sejam respeitados.[25] A violação desses princípios pode resultar na inadmissibilidade das provas em tribunal e em repercussões legais para os profissionais envolvidos.

Portanto, a perícia em vídeo exige não apenas habilidades técnicas avançadas, mas também um entendimento profundo das limitações e dos desafios inerentes ao trabalho, bem como um compromisso com a ética e os padrões legais.

10. O FUTURO DA PERÍCIA EM VÍDEO

A perícia em vídeo está passando por uma transformação significativa devido aos avanços tecnológicos. Tendências emergentes, como a inteligência artificial (IA) e o aprendizado de máquina, estão revolucionando a análise de vídeos. Ferramentas de IA são agora capazes de detectar e analisar padrões complexos, proporcionando insights que antes eram inacessíveis. Além disso, o uso de técnicas avançadas de processamento de imagem e vídeo permite a melhoria e clarificação de filmagens de baixa qualidade, facilitando a identificação de detalhes essenciais.[26]

Outra inovação importante é a tecnologia blockchain, que oferece uma maneira segura e transparente de armazenar e verificar a autenticidade de vídeos. Isso é particularmente útil para garantir que as evidências em vídeo não sejam adulteradas, aumentando a confiabilidade das provas apresentadas em processos judiciais.[27]

Além disso, o uso de drones e câmeras de alta resolução está se tornando cada vez mais comum em investigações, permitindo a captura de imagens em locais de difícil acesso. Quando combinadas com a realidade aumentada (RA) e a realidade virtual (RV), essas tecnologias oferecem novas formas de visualizar e analisar cenas de crime, proporcionando uma compreensão mais profunda e detalhada dos eventos.

Em resumo, as inovações tecnológicas estão expandindo as capacidades e a eficácia da perícia em vídeo, tornando-a uma ferramenta cada vez mais poderosa e indispensável na investigação criminal e na aplicação da lei.

---

25. SOUZA, R. O. A. *A perícia criminal no Brasil*: explanação histórica, legislativa e a função do perito. 2011. Trabalho de Conclusão de Curso (Licenciatura em Química) – Universidade de Brasília, Brasília, DF, 2011. Disponível em: https://bdm.unb.br/bitstream/10483/3492/1/2011_RaquelOliveiradeSouza.pdf. Acesso em: 10 ago. 2022.
26. NTOUTSI, E. et al. *Bias in data-driven artificial intelligence systems-an introductory survey*. WIREs Data Mining and Knowledge Discovery, v. 10, n. 3, p. e1356, 2020.
27. NTOUTSI, E. et al. *Bias in data-driven artificial intelligence systems-an introductory survey*. WIREs Data Mining and Knowledge Discovery, v. 10, n. 3, p. e1356, 2020.

11. O IMPACTO DAS NOVAS TECNOLOGIAS NA PERÍCIA

As novas tecnologias estão impactando profundamente a área de perícia em vídeo, trazendo avanços que aprimoram a precisão e a eficiência das investigações. Uma das áreas mais impactadas é a análise de dados. Com a implementação de algoritmos de aprendizado de máquina, é possível processar grandes volumes de dados em muito menos tempo do que anteriormente, identificando padrões e anomalias que poderiam passar despercebidos em uma análise manual.[28]

Outro impacto significativo está na autenticação de vídeos. A tecnologia blockchain, por exemplo, permite que os vídeos sejam armazenados de forma segura e imutável, garantindo a integridade das evidências. Isso é crucial em contextos legais, onde a autenticidade das provas pode determinar o resultado de um caso.[29]

Além disso, o uso de drones e câmeras de alta resolução está ampliando as possibilidades de captura de imagens, permitindo a obtenção de evidências em locais de difícil acesso ou perigosos. A integração dessas imagens com tecnologias de realidade aumentada (RA) e realidade virtual (RV) oferece novas perspectivas na análise de cenas de crime, possibilitando reconstruções tridimensionais que facilitam a compreensão dos eventos.[30]

Por fim, a convergência dessas tecnologias está tornando a perícia em vídeo uma ferramenta cada vez mais precisa e confiável, essencial para a aplicação da lei e a justiça. A capacidade de analisar, autenticar e visualizar dados de forma avançada está transformando a maneira como os profissionais da área conduzem suas investigações, pavimentando o caminho para um futuro em que a tecnologia e a perícia caminham lado a lado.

12. CONCLUSÃO

A perícia em vídeo tem se tornado cada vez mais crucial no contexto da justiça moderna. Com o avanço das tecnologias de gravação e monitoramento, vídeos são frequentemente utilizados como evidências em processos judiciais. A perícia em vídeo envolve a análise técnica e científica de imagens, com o objetivo de verificar sua autenticidade, identificar manipulações e extrair informações relevantes.

---

28. DELLA VECCHIA, Evandro. *Perícia Digital: da investigação à análise forense*. Campinas: Millenium Ed., 2014.
29. SANTOS JUNIOR, J. B.; LACAIA, J. P. *Extração e Classificação de Metadados em Mídias Digitais para Apoiar Análises Forenses*: Uma Abordagem Baseada em Informações de Contexto. Poços de Caldas: PUC Minas, 2020.
30. KARAKOÇ, M. M.; VAROL, A. *Visual and auditory analysis methods for speaker recognition in digital forensic*. In: International Conference on Computer Science and Engineering. Antalya. Anais. 2017:1189-1192. https://doi.org/10.1109/UBMK.2017.8093505.

Especialistas em perícia de vídeo podem determinar a origem das gravações, avaliar a qualidade das imagens e até mesmo identificar indivíduos e objetos presentes nas cenas. A importância desse trabalho está na sua capacidade de fornecer provas concretas e confiáveis, que podem influenciar significativamente o desenrolar de um caso judicial.

Além disso, a perícia em vídeo é essencial para garantir que as evidências apresentadas no tribunal sejam genuínas e não manipuladas, contribuindo para a integridade do processo judicial. Em um mundo onde a manipulação digital de imagens e vídeos é uma possibilidade real, a perícia em vídeo se destaca como uma ferramenta indispensável para a busca da justiça.

13. LINKS PARA FERRAMENTAS

FFmpeg: https://www.ffmpeg.org

GNU Octave: https://octave.sourceforge.io

ImageJ: https://imagej.nih.gov

ImageEx: https://iasforensics.com/imageex.html

MATLAB: https://www.mathworks.com

MediaInfo: https://mediaarea.net/en/MediaInfo

Peritus: https://github.com/SEPAEL/Peritus

Python: https://www.python.org

QuickHash GUI: https://www.quickhash-gui.org

SWGDE: https://www.swgde.org

REFERÊNCIAS

AMAZON. *Smartphone estabilizador portátil compatível com rastreamento*. Disponível em: https://abrir.link/zWmBp. Acesso em: 08 set. 2024.

DELLA VECCHIA, Evandro. *Perícia Digital*: da investigação à análise forense. Campinas: Millenium Ed., 2014.

FERNANDES, J. R. *Perícias em áudios e imagens forenses*. Campinas: Milennium, 2014.

KARAKOÇ, M. M.; VAROL, A. *Visual and auditory analysis methods for speaker recognition in digital forensic*. International Conference on Computer Science and Engineering. Antalya. Anais. 2017:1189-1192. https://doi.org/10.1109/UBMK.2017.8093505.

NTOUTSI, E. et al. *Bias in data-driven artificial intelligence systems-an introductory survey*. WIREs Data Mining and Knowledge Discovery, v. 10, n. 3, p. e1356, 2020.

SANTOS JUNIOR, J. B.; LACAIA, J. P. *Extração e Classificação de Metadados em Mídias Digitais para Apoiar Análises Forenses*: Uma Abordagem Baseada em Informações de Contexto. Poços de Caldas: PUC Minas, 2020.

SILVA, Tainá Oliveira. *Estudo da representação indexal de imagens no âmbito da Perícia Forense do Estado do Ceará (PEFOCE)*. 2014. 64 f. Monografia (Bacharelado em Biblioteconomia) – Departamento de Ciências da Informação, Universidade Federal do Ceará, Fortaleza, 2014.

SOUZA, R. O. A. *A perícia criminal no Brasil*: explanação histórica, legislativa e a função do perito. 2011. Trabalho de Conclusão de Curso (Licenciatura em Química) – Universidade de Brasília, Brasília, DF, 2011. Disponível em: https://bdm.unb.br/bitstream/10483/3492/1/2011_RaquelOliveiradeSouza.pdf. Acesso em: 10 ago. 2022.

PERÍCIA EM ASSINATURAS ELETRÔNICAS E DIGITAIS

Marcos Lamas Santos da Silva

1. INTRODUÇÃO

A digitalização dos procedimentos propiciou a popularização das assinaturas eletrônicas e digitais em contratos, documentos jurídicos e transações financeiras. Assim como as assinaturas manuscritas, essas versões eletrônicas também estão suscetíveis a fraudes, o que gera novos desafios para a atuação da perícia forense.

Muitos juízes designam peritos grafotécnicos para analisar assinaturas eletrônicas e digitais, sem levar em conta suas nuances tecnológicas, o que reforça a necessidade de distinguir entre documentos natos digitais e documentos digitalizados.

A análise de assinaturas eletrônicas pode apresentar complexidades que envolvem criptografia, biometria, IP, geolocalização, logs e processos de *onboarding*, entre outros metadados, levantando a seguinte questão sobre a escolha do profissional mais adequado para realizar esses exames: o perito digital ou grafotécnico?

Este artigo contribui para o debate sobre a competência pericial no exame de assinaturas eletrônicas e oferece diretrizes para ajudar o Judiciário a escolher peritos qualificados.

2. CONCEITOS DE ASSINATURA

Desde a criação da escrita, ocorreram transformações nos meios de expressão de ideias até a chegada da era digital, na qual não se faz mais necessário dispor de superfícies físicas para registrar informações. Com o avanço da tecnologia, as assinaturas, antes restritas ao papel, também passaram por uma evolução, dando origem às assinaturas eletrônicas.

A assinatura é um símbolo gráfico utilizado para representar formalmente uma pessoa e autenticar um documento ou manifestar concordância com o seu conteúdo. Esse símbolo pode ser produzido manualmente pela própria pessoa (assinaturas e rubricas) ou ser impresso por um instrumento específico, por ela adotado (chancela).

A assinatura representa a confiança de quem a faz, e o reconhecimento de firma em cartório confirma sua autenticidade e segurança.

A expressão firma é derivada do latim *affirmare*, que significa afirmar ou confirmar. Se a firma é um sinal gráfico produzido por uma pessoa para demonstrar concordância ou conhecimento a respeito de um fato ou documento, então é correto afirmar que esse sinal só pode ser produzido pela própria pessoa que ele representa.

Com o avanço tecnológico, surgiram novas formas de assinatura que exigem a revisão dos conceitos tradicionais, anteriormente restritos às assinaturas manuscritas.

Heidi H. Harralson[1] explica que Manson define uma assinatura como um ato intencional, que vai além de simplesmente aplicar tinta no papel. Manson ressalta que diferentes intenções podem ser consideradas assinaturas eletrônicas: digitar um nome em um documento, usar um endereço de e-mail, clicar em um ícone de "Aceito", ou ainda utilizar um número de identificação pessoal (PIN), uma assinatura biodinâmica, digitalizada ou digital.

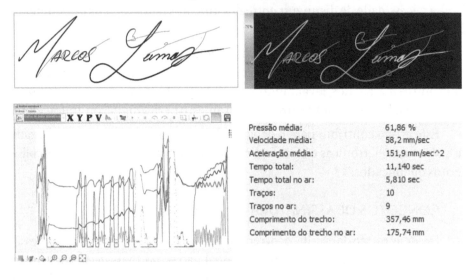

Figura 1: exemplo de assinatura biodinâmica, com dados coletados como pressão, movimentos aéreos, velocidade, entre outros parâmetros. A captura foi realizada com o dispositivo Wacom STU-530, e a análise efetuada por meio do software Firma Certa Forensic, versão 4.3.9.0. Fonte: autor.

Para Marcelo Nagy,[2] uma assinatura eletrônica é um método de autenticação digital usado para confirmar a identidade de um signatário em um documento

---

1. HARRALSON, Heidi H. *Developments in handwriting and signature identification in the digital age*. New York: Elsevier, 2013.
2. NAGY, Marcelo. *Forense em assinatura eletrônica*: livro de referência do estudante. Independente, 2024.

eletrônico. Convergindo com o conceito de Mason, Nagy adiciona que vários tipos de assinaturas eletrônicas estão disponíveis, com diferentes graus de segurança e complexidade, variando de simples anotações digitais a assinaturas biométricas, cada uma com diferentes níveis de segurança. As assinaturas digitalizadas reproduzem manuscritos, enquanto as digitais utilizam chaves criptográficas.

Erick Simões e Priscila Sily,[3] em relação ao conceito, adaptaram a taxonomia de assinaturas proposta por Liden et al., classificando-as em diferentes tipos de acordo com suas características e métodos de autenticação.

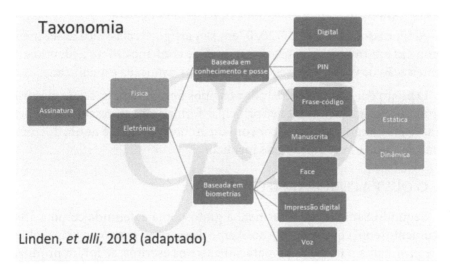

Figura 2: taxonomia da assinatura adaptada de Erick Simões e Priscila Sily

Nota-se que somente as assinaturas eletrônicas manuscritas estão conforme o conceito tradicional de assinatura, sendo aquelas produzidas manualmente; os demais tipos de assinaturas não se enquadram nessa definição.

Outras formas de assinaturas eletrônicas utilizam dados eletrônicos e biometria para garantir sua autenticidade. A legislação brasileira regulamenta as assinaturas eletrônicas, estabelecendo as principais normas que regem sua validade.

A Medida Provisória 2.200-2/2001 estabelece que assinaturas com certificado ICP-Brasil têm presunção de veracidade e admite outros métodos de comprovação da autoria e integridade dos documentos, se aceitos pelas partes.

De acordo com a resolução DOC-ICP-15 – V.4.0 Visão Geral Sobre Assinaturas Digitais na ICP-Brasil (tópico 6.1), a assinatura eletrônica é caracterizada

---

3. SIMÕES, Erick; SILY, Priscila. *Grafoscopia digital*. Curso online pela FTA, 2021.

como um conjunto de dados eletrônicos anexados ou associados a outros dados, com a finalidade de atribuir autenticidade ou autoria ao documento em questão.

Sua obtenção pode ser realizada por meio de diversos dispositivos, como login e senha, PIN ou biometria, apresentando diferentes níveis de segurança e confiabilidade. Um dos tipos de assinatura eletrônica é a assinatura digital, que utiliza um par de chaves criptográficas associado a um certificado digital.

O conjunto de regulamentos da ICP-Brasil trata exclusivamente das assinaturas digitais geradas no contexto da própria ICP-Brasil. Assinaturas eletrônicas fora desse contexto não estão incluídas em sua abrangência.

Além disso, a Lei 14.063/2020, em seu artigo 4º, classifica as assinaturas eletrônicas em três tipos, conforme o nível de confiança sobre a identidade e a manifestação de vontade do seu titular: simples, avançada e qualificada.

O ponto em comum entre todos os tipos de assinaturas, sejam elas físicas, eletrônicas ou digitais, é o objetivo principal: formalizar a representação da pessoa que as realiza, expressando sua concordância com o conteúdo de um documento e estabelecendo um compromisso jurídico.

3. O QUE É A PERÍCIA GRAFOTÉCNICA

Segundo Samuel Feuerharmel,[4] a grafoscopia é definida como a área da Documentoscopia que se presta ao exame de escritos, com o principal objetivo de determinar, a partir da comparação entre os escritos, se foram produzidos pelo mesmo indivíduo.

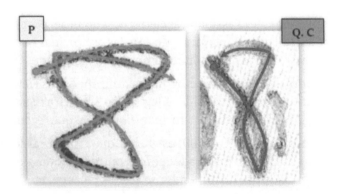

Figura 3: Exemplo de comparação do método de construção do algarismo 8 entre diferentes punhos. Fonte: Autor.

---

4. FEUERHARMEL, Samuel. *Análise grafoscópica de assinaturas*. 2. ed. Lisboa: Millennium, 2023.

A análise grafoscópica baseia-se na premissa de que a escrita é única para cada indivíduo, o que permite sua identificação por meio de metodologias específicas. Lamartine Mendes[5] define a escrita como um gesto gráfico psicossomático, com características suficientes para sua individualização.

Para satisfazer os critérios grafotécnicos, a escrita deve conter elementos que viabilizem sua individualização; caso contrário, é considerada um simples rabisco.

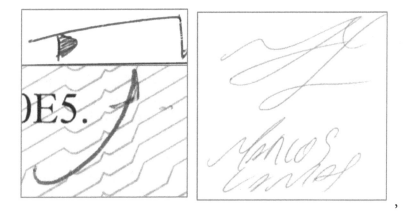

Figura 4: à esquerda, exemplo de lançamentos sem o número mínimo de elementos, e à direita, lançamentos com o número mínimo de elementos. Fonte: Autor.

As características individuais permitem diferenciar um indivíduo dos demais, independentemente do grupo ao qual pertença.

A análise grafoscópica vai além da simples comparação de dois escritos, exigindo uma investigação mais abrangente dos hábitos gráficos ou memória motora do escritor.

Hábitos gráficos são padrões repetitivos, realizados inconscientemente durante a escrita por meio da memória motora.

Conforme o Manual de Boas Práticas da Sociedade Brasileira de Ciências Forenses (SBCF), a metodologia dos exames grafoscópicos é dividida em três etapas: Análise, Confronto e Avaliação. É fundamental avaliar o grau de significância das convergências e divergências, classificando-as em muito significativo, significativo ou pouco significativo. Os parâmetros utilizados incluem perceptibilidade, raridade e constância, levando em conta a natureza qualitativa e não quantitativa.

---

5. MENDES, Lamartine. *Documentoscopia*. Atual. Wanira Albuquerque. 4. ed. São Paulo: Millennium, 2015.

4. ASSINATURA DIGITAL

Segundo Nagy,[6] a assinatura digital é uma forma avançada de assinatura eletrônica que utiliza criptografia com base em um par de chaves para garantir a autenticidade, integridade e não repúdio.

A autenticidade é a garantia de que a informação é atribuída ao autor mencionado, enquanto a integridade consiste na garantia de que a informação não foi objeto de qualquer alteração em sua configuração original ao longo do tempo. Por fim, o não repúdio significa que o titular não pode negar sua autoria, já que somente a chave privada correspondente poderia ter gerado a assinatura digital associada.

A assinatura digital só pode ser gerada por meio de um certificado digital, que armazena duas chaves criptográficas: a chave privada, utilizada pelo signatário para assinar digitalmente um documento, que deve ser mantida em segredo; e a chave pública, empregada para verificar a assinatura e que acompanha o documento.

Há diferentes tipos de certificados, como, por exemplo, Pretty Good Privacy (PGP) e X.509. Ambos garantem a autenticidade e a integridade das comunicações eletrônicas, mas diferem na gestão do par de chaves, na arquitetura do sistema, no uso e na forma como são emitidos.

Para Nagy,[7] uma das principais diferenças entre eles é a forma de emissão. O X.509 é emitido por uma Autoridade Certificadora (AC), que garante a autenticidade das informações do certificado.

Uma Autoridade Certificadora é uma organização confiável, situada acima do usuário, e tem sua própria política de reconhecimento dos usuários. Estão estruturadas em uma hierarquia em formato de árvore, começando com uma raiz principal que assina os certificados das autoridades intermediárias, até chegar ao certificado do usuário final.

4.1 Infraestrutura de Chaves Públicas Brasileira – ICP-Brasil

A Medida Provisória 2.200-2/2001 instituiu a Infraestrutura de Chaves Públicas Brasileira – ICP-Brasil, para garantir que documentos assinados e transações feitas na internet sejam confiáveis, seguros e juridicamente válidos, tudo isso por meio do uso de certificados digitais.

No contexto da ICP-Brasil, conforme a norma DOC-ICP-01 (v6.1), todos os certificados emitidos pela AC Raiz seguem o padrão X.509 v3 estabelecido pela ITU-T.

---

6. NAGY, Marcelo. *Forense em assinatura eletrônica*: livro de referência do estudante. Independente, 2024.
7. NAGY, Marcelo. *Forense em assinatura eletrônica*: livro de referência do estudante. Independente, 2024.

O modelo adotado pela ICP-Brasil é de certificação com raiz única, o que significa que há uma única entidade central responsável por garantir a validade de toda a infraestrutura de certificação, gerenciada pelo Instituto Nacional de Tecnologia da Informação (ITI), que opera a Autoridade Certificadora Raiz (AC-Raiz). A estrutura da ICP-Brasil é composta por Autoridades Certificadoras (ACs) e Autoridades de Registro (ARs). As ACs emitem e gerenciam certificados para usuários finais, enquanto as ARs realizam o cadastro e validação de usuários.

A AC-Raiz autoriza outras ACs de 1º Nível, que podem credenciar ACs de 2º Nível, responsáveis pela emissão de certificados exclusivamente para usuários finais. As ARs atuam como intermediárias no processo de identificação e validação de informações.

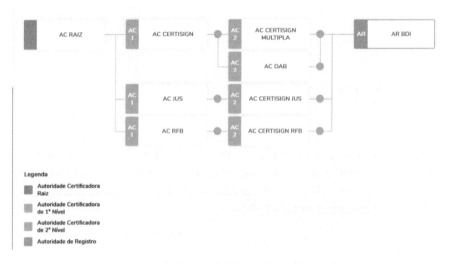

Figura 5: Exemplo de hierarquia da AC-RAIZ até uma determinada AR.
Fonte: https://estrutura.iti.gov.br/

A ICP-Brasil garante a autenticidade e integridade dos documentos assinados por meio de um par de chaves criptográficas vinculado ao usuário. Esse par de chaves consiste em uma chave privada, usada para assinar documentos, e uma chave pública, usada para verificar a assinatura.

Essa infraestrutura é regida por normas e resoluções chamadas DOC-ICP, que abrangem políticas de segurança, algoritmos criptográficos, identificação biométrica e outros procedimentos técnicos.

4.2. Identificação biométrica da ICP-Brasil

A ICP-Brasil utiliza a identificação biométrica como um de seus aspectos mais avançados para garantir segurança e autenticidade. O DOC-ICP-05.03 estabelece normas para a coleta de imagens faciais e impressões digitais e sua análise em bases de dados nacionais.

Os principais elementos incluem a rede PSBio, responsável pela operação dos processos biométricos, como a coleta e verificação de dados faciais e digitais; o Identificador de Registro Biométrico (IDN), gerado a partir do CPF e vinculado a uma única pessoa de forma anônima no sistema, garantindo a privacidade durante a autenticação; e a Base Biométrica da ICP-Brasil, que armazena todas as biometrias e IDNs. O IDN não é incluído diretamente no certificado digital X.509, mas é vinculado de forma interna nos sistemas da ICP-Brasil, garantindo a verificação da identidade do titular.

A adoção ampla das assinaturas digitais depende da existência de diretrizes técnicas padronizadas. Essas diretrizes devem assegurar a autenticidade e a integridade dos documentos a longo prazo.

4.3 Processo de criação da assinatura digital

O DOC-ICP-15 – V.4.0 padroniza a criação e verificação de assinaturas digitais, garantindo sua confiabilidade. O processo de criação ocorre em três etapas: o signatário gera um resumo criptográfico (hash) do documento, cifra-o com sua chave privada e associa a assinatura digital ao documento. Para verificação, o resumo é recalculado e comparado com o decifrado pela chave pública do signatário, garantindo a integridade.

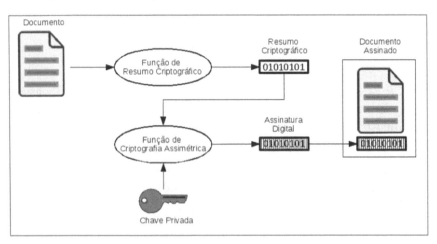

Figura 6: Diagrama simplificado de criação de assinatura digital. Fonte: Visão Geral sobre Assinaturas Digitais na ICP-Brasil – DOC-ICP-15 v.4.0

A verificação de uma assinatura digital é dividida em quatro etapas essenciais. Primeiro, o documento eletrônico, a assinatura digital associada e o certificado digital do signatário são disponibilizados ao verificador. Em seguida, o verificador recalcula o resumo criptográfico (hash) do documento eletrônico. Na terceira etapa, o verificador utiliza a chave pública do signatário para decifrar a assinatura digital e obter o resumo criptográfico original gerado durante a assinatura. Por fim, o verificador compara o novo resumo com o original; se ambos forem iguais, confirma-se a integridade do documento e a validade da assinatura. Caso contrário, a assinatura digital é considerada inválida.

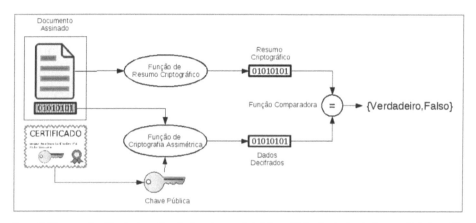

Figura 7: Diagrama simplificado de verificação de assinatura digital. Fonte: Visão Geral sobre Assinaturas Digitais na ICP--Brasil – DOC-ICP-15 v.4.0

É evidente que o resumo criptográfico de um documento eletrônico, também conhecido como hash, desempenha um papel fundamental tanto na criação quanto na verificação da assinatura digital. O que é realmente assinado não é o documento em si, mas sim o hash correspondente. Em outras palavras, a chave privada é responsável por assinar o hash do documento. Qualquer alteração mínima no documento original produz um hash completamente diferente, facilitando a detecção de mudanças.

Segundo Nagy, essa característica do hash é essencial para garantir a segurança da assinatura digital. Ela impede que alguém altere o documento após a assinatura digital ter sido aplicada e tente gerar um novo hash idêntico ao original.

4.4 Políticas de assinatura da ICP-Brasil

Outro documento de referência relevante para o contexto pericial é o DOC--ICP-15.03 (v. 8.0), que estabelece diretrizes para as Políticas de Assinatura Digital. As políticas de assinatura da ICP-Brasil foram baseadas na estrutura proposta pelos padrões internacionais ETSI TR 102 272 e ETSI TR 102 038.

Uma política de assinatura é um conjunto de regras que orienta a criação, validação e gerenciamento de assinaturas digitais, especificando os critérios que asseguram a validade jurídica e técnica das assinaturas. A assinatura é gerada pelo signatário seguindo as normas estabelecidas, e sua autenticidade é verificada de acordo com essas mesmas regras.

As políticas de assinatura definem os requisitos necessários para garantir a validade de documentos assinados digitalmente. Na ICP-Brasil, essas políticas são codificadas usando o formato ASN.1 (Abstract Syntax Notation One), que especifica tipos de dados, como o conteúdo a ser assinado, o algoritmo de hash que garante a integridade, e as chaves pública e privada que asseguram a autenticidade.

Segundo Nagy,[8] o formato ASN.1 é amplamente utilizado em vários padrões de assinatura digital, como o X.509 para certificados digitais, e nos formatos avançados CAdES, PAdES e XAdES. A sintaxe ASN.1 é usada na estruturação do certificado X.509v3, conforme ilustrado em exemplos subsequentes.

4.5 Padrões para assinatura digital da ICP-Brasil

Ao assinar dados digitais, é fundamental garantir que a assinatura permaneça vinculada aos dados correspondentes. Essa vinculação pode ocorrer de duas maneiras: a primeira envolve a criação de um conjunto que integre tanto a assinatura quanto os dados (*attached, enveloped ou enveloping*), enquanto a segunda mantém assinatura e arquivo separados, recorrendo a um mecanismo externo para efetuar a associação (*detached*).

A principal distinção entre essas abordagens diz respeito à posição da assinatura em relação ao conteúdo, sendo cada uma escolhida de acordo com as exigências de segurança, integridade e praticidade do usuário.

Para assegurar interoperabilidade e reduzir divergências em diferentes implementações, define-se um conjunto de opções denominado "perfil".

O DOC-ICP-15.02 definiu um perfil que reúne as características essenciais para assinaturas digitais de uso geral, baseando-se em padrões como *CMS Advanced Electronic Signatures* (CAdES), *XML Advanced Electronic Signatures* (XAdES) e *PDF Advanced Electronic Signatures* (PAdES).

Cada padrão atende a diferentes exigências de armazenamento, distribuição e validação de longo prazo, garantindo segurança e interoperabilidade de forma abrangente.

---

8. NAGY, Marcelo. *Forense em assinatura eletrônica*: livro de referência do estudante. Independente, 2024.

4.5.1 CMS Advanced Electronic Signature (CAdES)

O padrão CMS (*Cryptographic Message Syntax*) é amplamente utilizado para assinaturas digitais em todo o mundo, oferecendo documentação detalhada e diversas bibliotecas de software.

Esse padrão permite a inclusão de atributos assinados e não assinados no cálculo do resumo criptográfico, além de possibilitar a criação de assinaturas em paralelo e em série. Entretanto, só é possível assinar o documento como um todo, não sendo viável a assinatura de partes isoladas.

Ao representar o conteúdo digital assinado, o CMS gera um arquivo com extensão .p7s, que pode adotar duas formas de estruturação:

a) *attached*: o conteúdo digital faz parte da estrutura CMS, ou seja, o arquivo .p7s inclui tanto o documento quanto a assinatura. Nesse caso, a validação ocorre conjuntamente, pois ambos estão contidos no mesmo arquivo.

b) *detached*: o conteúdo digital é armazenado separadamente. O arquivo .p7s contém apenas a assinatura, e a validação exige a presença do documento original e do arquivo .p7s.

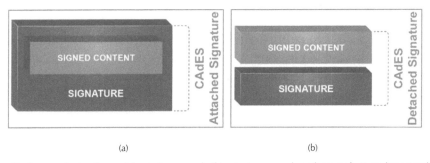

Figura 8: diagrama das duas formas, (a) assinatura anexada; (b) assinatura separada ou desanexada. Fonte: https://yazilim.kamusm.gov.tr/eit-wiki/doku.php?id=en:cades

4.5.2 XML Advanced Eletronic Signature (XAdES)

Em XML, utiliza-se o XML Signature para a representação de assinaturas digitais, cuja especificação é mantida pelo *World Wide Web Consortium* (W3C) e pela *Internet Engineering Task Force* (IETF).

O XML Signature é baseado em XML, uma linguagem extensível que permite a criação de *tags* personalizadas, facilitando a integração de informações e a apresentação de uma interface uniforme.

Esse padrão suporta a assinatura de diferentes tipos de conteúdo, como dados codificados em ASCII, código binário ou dados formatados em XML, e possibilita a geração de assinaturas digitais em partes específicas de um documento eletrônico, o que é vantajoso em cenários que exigem maior flexibilidade.

O XAdES, por sua vez, padroniza assinaturas digitais de longo prazo, incorporando dados adicionais e permitindo a personalização com atributos obrigatórios e opcionais.

Quanto ao armazenamento do conteúdo digital, o padrão adotado pela ICP-Brasil oferece três representações diferentes para organizar e armazenar o conteúdo e a assinatura, afetando tanto o armazenamento quanto o processo de validação:

a) *detached*: o conteúdo digital não faz parte da estrutura do arquivo, sendo que apenas a assinatura digital é armazenada no arquivo .xml. Para validar essa assinatura, é necessário dispor tanto do documento original quanto do arquivo .xml que contém a assinatura.

b) *enveloping*: o conteúdo digital faz parte da estrutura, com a *tag* da assinatura sendo o elemento central que envolve todas as outras *tags* do documento. Tanto a assinatura quanto o documento são validados conjuntamente, pois estão contidos no mesmo arquivo XML.

c) *enveloped*: a assinatura digital é parte do conteúdo digital que está sendo assinado, sendo inserida em uma *tag* específica no documento original. A validação da assinatura é feita com o documento e a assinatura presentes no mesmo arquivo XML.

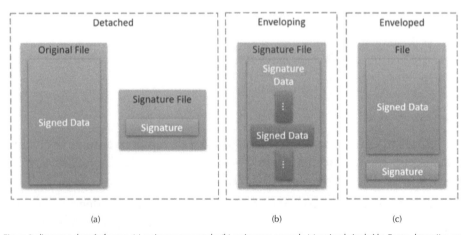

Figura 9: diagrama das três formas, (a) assinatura separada; (b) assinatura anexada (c) assinada incluída. Fonte: https://ec.europa.eu/digital-building-blocks/sites/display/DIGITAL/eSignature+FAQ

4.5.3 PDF Advanced Electronic Signature (PAdES)

O padrão PDF garante a preservação da aparência dos documentos, enquanto o PAdES é um formato específico para assinaturas eletrônicas, seguindo as normas da ISO 32000-1.

O PDF possui uma estrutura própria para a inclusão de assinaturas digitais, na qual se emprega o *CMS* em formato *detached*, assinando todos os bytes do documento, exceto o bloco de CMS.

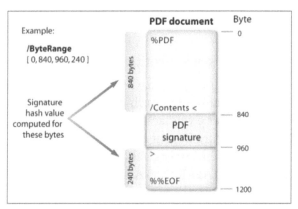

Figura 10: o valor de hash é calculado a partir de um intervalo específico de bytes (ByteRange) que inclui partes do documento antes e depois da assinatura digital inserida no campo /Contents..Fonte: ETSI TS 102 778-1 V1.1.1

O PAdES requer a versão 1.7 do PDF para funcionar corretamente e permite que as assinaturas sejam visualizadas por usuários que estejam lendo o documento assinado; no entanto, essa visualização não substitui a validação da assinatura nem aumenta a segurança do processo. A representação visual, por sua vez, pode incluir imagens sem ligação com o assinante, além de permitir a configuração das informações textuais.

Figura 11: exemplo de assinatura visível em arquivo PDF. Fonte: autor

Já segundo a ISO 32000-1, as assinaturas digitais devem apoiar a adição de uma assinatura ao documento, oferecer campos reservados para futuras assinaturas e viabilizar a verificação de validade. Esses dados são armazenados na estrutura *signaturedictionary* do PDF, garantindo a integridade e a rastreabilidade das assinaturas.

4.6. Requisitos para geração e verificação de assinaturas digitais

A padronização de formatos de assinatura digital na ICP-Brasil é crucial para a confiabilidade, credibilidade e interoperabilidade das assinaturas. O DOC-ICP-15.01 define os requisitos para criação, verificação e validação de assinaturas digitais na ICP-Brasil, abrangendo algoritmos, formatos e procedimentos.

Os formatos de assinatura digital na ICP-Brasil derivam dos padrões CAdES, XAdES e PAdES, sendo organizados em cinco níveis progressivos que garantem diferentes graus de segurança e validação: a) Assinatura Digital com Referência Básica (AD-RB); b) Assinatura Digital com Referência do Tempo (AD-RT); c) Assinatura Digital com Referências para Validação (AD-RV); d) Assinatura Digital com Referências Completas (AD-RC); e) Assinatura Digital com Referências para Arquivamento (AD-RA).

Os formatos de referência de assinatura apresentam diferentes níveis, cada um construído sobre o anterior, adicionando camadas de segurança e validação para garantir a interoperabilidade e a validade das assinaturas ao longo do tempo. À medida que o nível da assinatura aumenta, mais longo será o período de validade, graças à adição progressiva de informações como carimbos de tempo e dados de validação.

Uma assinatura com Referências Completas (AD-RC) pode ser representada de duas formas. No padrão CAdES e XAdES, ela é formada por uma AD-RV que inclui todos os dados necessários para a validação. No padrão PAdES, a AD-RC é composta por uma AD-RT com os dados exigidos para validação e, adicionalmente, um carimbo do tempo, que é logicamente conectado à assinatura.

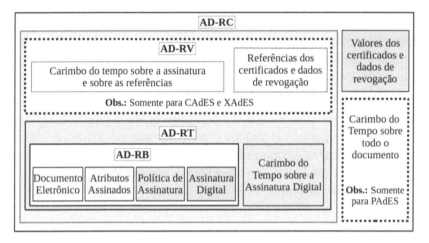

Figura 12: Assinatura digital com referências completas. Fonte: DOC-ICP-15.01 – v 4.0

Uma assinatura digital ICP-Brasil com Referências para Arquivamento (AD-RA) é composta de diferentes formatos, dependendo se o padrão utilizado é CAdES, XAdES ou PAdES. Nos formatos CAdES e XAdES, a AD-RA é formada por uma AD-RT com referências de validação e todos os dados necessários, além de um carimbo do tempo emitido por uma ACT credenciada, conectado logicamente ao conjunto. Da mesma forma, no padrão PAdES, a AD-RA é baseada em uma AD-RT, mas inclui dados adicionais, como a Política de Assinatura (PA), que define as regras aplicáveis ao uso da assinatura, e a Lista de Políticas de Assinatura Aprovadas (LPA), que contém as políticas reconhecidas pela ICP-Brasil, juntamente com um carimbo do tempo emitido por uma ACT.

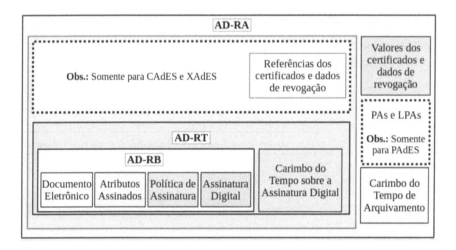

Figura 13: Assinatura digital com referências para arquivamento. Fonte: DOC-ICP-15.01 – v 4.0

5. ASSINATURAS ELETRÔNICAS

O crescimento das transações digitais impulsionou a adoção de assinaturas eletrônicas, que oferecem conveniência e flexibilidade. Embora ofereçam praticidade, essas assinaturas apresentam variações na segurança e podem exigir conformidade com regulamentações específicas.

Uma assinatura eletrônica é um conjunto de dados digitais logicamente vinculados a outros dados eletrônicos, conferindo autenticidade e evidenciando a intenção do signatário. Assinaturas eletrônicas são um conceito jurídico amplo. No entanto, assinaturas digitais são uma categoria específica dentro deste conceito, baseada em métodos criptográficos.

Os conceitos de assinatura eletrônica e assinatura digital devem ser distinguidos, uma vez que nem todas as assinaturas eletrônicas são necessariamente digitais. Conforme Alexandre Valerio,[9] assinatura digital é uma espécie do gênero "assinatura eletrônica", que abrange outros processos eletrônicos de identificação, tais como senhas, assinaturas digitalizadas, biometria etc.

A Medida Provisória 2.200-2, em seu § 2º do art. 10, permite o uso de outros métodos para comprovar a autoria e a integridade de documentos eletrônicos, contanto que sejam aceitos pelas partes envolvidas.

Uma assinatura eletrônica não garante necessariamente a segurança total do processo de assinatura, nem a rastreabilidade de alterações no documento após sua assinatura, pois isso depende da tecnologia empregada na assinatura eletrônica.

A legislação brasileira, por meio da Lei 14.063/2020, reconhece três níveis de assinatura eletrônica: simples, avançada e qualificada (Art. 4º, incisos I, II e III). Esses três tipos de assinaturas eletrônicas foram elaborados segundo o nível de confiança sobre a identidade e a manifestação de vontade do titular.

A tabela 1 classifica os diferentes tipos de assinatura eletrônica conforme a Lei n.º 14.063/2020, art. 4º, incisos I, II e II.

TIPO	CARACTERÍSTICAS
I) assinatura eletrônica **simples:**	a) a que permite identificar o seu signatário;
	b) a que anexa ou associa dados a outros dados em formato eletrônico do signatário;

---

9. VALERIO, Alexandre Scigliano. *Direito notarial e registral digital*: possibilidades de aplicação da tecnologia aos procedimentos realizados nos cartórios extrajudiciais. Edição Kindle.

II) assinatura eletrônica **avançada:**	a que utiliza certificados não emitidos pela ICP-Brasil ou outro meio de comprovação da autoria e da integridade de documentos em forma eletrônica, desde que admitido pelas partes como válido ou aceito pela pessoa a quem for oposto o documento, com as seguintes características:	
	a) está associada ao signatário de maneira unívoca;	
	b) utiliza dados para a criação de assinatura eletrônica cujo signatário pode, com elevado nível de confiança, operar sob o seu controle exclusivo;	
	c) está relacionada aos dados a ela associados de tal modo que qualquer modificação posterior é detectável;	
III) assinatura eletrônica **qualificada:**	a que utiliza certificado digital, nos termos do § 1º do art. 10 da Medida Provisória nº 2.200-2, de 24 de agosto de 2001	

Tabela 1

O objetivo do legislador foi garantir a validade jurídica de todas as modalidades de assinatura, respeitando a autonomia privada e a liberdade na manifestação de vontades entre os indivíduos.

As leis mencionadas estão inter-relacionadas, sendo que a Lei n.º 14.063/2020 estabelece normas para a utilização de assinaturas eletrônicas nas interações entre indivíduos ou entidades privadas e órgãos públicos. No entanto, os conceitos de assinaturas simples e avançadas também podem ser aplicados às assinaturas eletrônicas em relações privadas, conforme disposto no § 2º do art. 10 da Medida Provisória 2.200-2.

A validade jurídica dos diferentes tipos de assinaturas eletrônicas pode ser sintetizada e apresentada de forma mais clara na imagem a seguir:

	Interações Privadas (MP 2.200-2)	*Interações Públicas* (Lei 14.063)
Assinatura eletrônica qualificada	Sempre (art. 10, § 1º, da MP 2.200-2)	Sempre (arts. 4º, § 1º, e 5º, §§ 1º, III, 2º e 5º, da Lei 14.063)
Assinatura eletrônica avançada ou simples	Desde que admitida pelas partes como válida ou aceita pela pessoa a quem for oposto o documento (art. 10, § 2º, da MP 2.200-2)	Desde que admitida por "ato do titular do Poder ou do órgão constitucionalmente autônomo de cada ente federativo" no "âmbito de suas competências" (art. 5º, *caput*, da Lei 14.063, observados seus §§ 1º, 2º e 5º)

Figura 14. Fonte: Valerio, Alexandre Scigliano. Direito Notarial e Registral Digital: possibilidades de aplicação da tecnologia aos procedimentos realizados nos cartórios extrajudiciais (Portuguese Edition) (pp. 91-92). Edição do Kindle.

5.1 Assinatura qualificada

A assinatura qualificada é equivalente à assinatura digital gerada com um certificado emitido pela ICP-Brasil. Quando um indivíduo assina digitalmente utilizando seu certificado digital da ICP-Brasil, ele gera uma assinatura qualificada. O alto grau de confiabilidade dessas assinaturas é garantido pela infraestrutura de chaves públicas e pelos procedimentos definidos nos DOC-ICP.

A assinatura qualificada assegura, do ponto de vista técnico, que o documento não foi alterado e que foi assinado pela pessoa indicada, sendo legalmente equiparada à assinatura manuscrita.

Se uma assinatura não atender a esses requisitos, ela pode ser classificada como avançada ou simples. O legislador diferenciou esses dois tipos de assinatura: a avançada, que possui um nível de confiabilidade equivalente, pelo menos tecnicamente, ao da assinatura qualificada (ICP-Brasil), e a simples, que não alcança esse mesmo nível de segurança.

5.2 Assinatura avançada

A assinatura avançada é tecnologicamente semelhante à assinatura qualificada, porém não é gerada pela infraestrutura da ICP-Brasil, o que reduz o nível de confiabilidade. A confiança na assinatura avançada depende do processo de vinculação do certificado à pessoa, que pode ser menos rigoroso em comparação ao da ICP-Brasil.

Um exemplo de assinatura avançada é a assinatura GOV.BR para usuários com contas pratas ou ouro. Nesse caso, a confiança baseia-se em outros sistemas de identificação e validação de dados. Os níveis de conta (bronze, prata ou ouro) no GOV.BR refletem a segurança da validação de dados e determinam os serviços digitais acessíveis.

Atualmente, o GOV.BR oferece duas bases biométricas disponíveis: a base de Identificação Civil Nacional (ICN), gerida pelo TSE (Tribunal Superior Eleitoral), e a base da CNH (Carteira Nacional de Habilitação), administrada pelo Senatran (antigo Denatran). No aplicativo gov.br, a verificação biométrica facial nessas bases ocorre de forma automática.

Outra assinatura eletrônica avançada relevante é a realizada com o Certificado Digital Notarizado (CDN), que permite que documentos públicos e particulares sejam assinados com a chancela de um tabelião de notas. Esse certificado foi instituído pelo Provimento CN-CNJ 100, de 26 de maio de 2020. Nesse caso, a base de confiança é o Sistema de Atos Notariais Eletrônicos, e-Notariado, disponibilizado pelo Colégio Notarial do Brasil – Conselho Federal.

As imagens a seguir demonstram as diferenças entre os caminhos de certificação referentes à assinatura ICP-Brasil, GOV.BR e CDN:

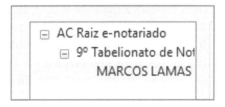

Figura 15: Caminho de certificação CDN

Figura 16: Caminho de certificação ICP-Brasil

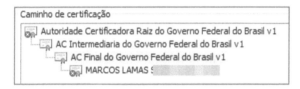

Figura 17: Caminho de certificação .GOV

Embora existam diversas plataformas de assinatura eletrônica, as opções GOV.BR e CDN oferecem maior credibilidade e transparência no processo de credenciamento. Uma importante decisão do Superior Tribunal de Justiça (Recurso Especial 2159442 – PR) reforçou a validade jurídica das assinaturas eletrônicas avançadas, mesmo que não certificadas pela ICP-Brasil, desde que admitidas entre as partes ou aceitas pelo destinatário. O tribunal estabeleceu uma distinção da seguinte forma: "a assinatura eletrônica avançada seria o equivalente à firma reconhecida por semelhança, enquanto a assinatura eletrônica qualificada seria equivalente à firma reconhecida por autenticidade – ambas são válidas, diferenciando-se apenas quanto à força probatória e ao grau de dificuldade na impugnação técnica de sua integridade e autenticidade".

Esse entendimento segue a previsão da Medida Provisória 2.200-2/2001, que admite outros meios de comprovação de autoria e integridade, conferindo às assinaturas avançadas um nível significativo de segurança e validade jurídica, embora inferior à assinatura qualificada da ICP-Brasil. No caso julgado, a plataforma de assinatura foi aceita entre as partes, sendo considerada válida, apesar de não ter sido certificada pelo sistema ICP-Brasil.

Essa decisão ressalta a importância da autonomia das partes e a evolução jurídica quanto ao reconhecimento das assinaturas eletrônicas no contexto digital.

Cláudio Mariano Dias[10] critica a decisão do STJ, alertando sobre o risco de fraudes em assinaturas não certificadas pela ICP-Brasil, criada justamente para garantir autenticidade e integridade. Ele também questiona a autonomia das partes na escolha dos métodos de autenticação, ressaltando que a segurança jurídica deve prevalecer sobre a flexibilidade na escolha dos procedimentos.

Dias conclui que, apesar das boas intenções de modernização, é essencial manter um sistema robusto de credenciamento, como o da ICP-Brasil, para assegurar a segurança jurídica dos documentos eletrônicos.

5.3 Assinatura simples

Qualquer assinatura que não atenda aos requisitos de assinatura avançada ou qualificada é considerada simples. Essas assinaturas utilizam artefatos digitais para identificar o signatário, mas não garantem os mesmos níveis de segurança tecnológica. Embora possam oferecer algum grau de confiança, elas não asseguram necessariamente a integridade do documento nem a identificação inequívoca do indivíduo.

De forma geral, as assinaturas simples não utilizam mecanismos que invalidem a assinatura caso haja violação na integridade do documento. É necessário um grau de confiança que associe a ação ao indivíduo, como, por exemplo, a digitação de senha, PIN, o clique em um botão, ou a captura de uma selfie intencionalmente tirada para a validação do ato.

O processo de *onboarding* se torna crucial, pois é nesse momento que ocorre a extração e validação dos dados fornecidos pelo usuário. Algumas empresas utilizam processos automatizados, enquanto outras optam por validações manuais. Há também mecanismos que visam aumentar a segurança desse processo, como a prova de vida ativa ou passiva, o *liveness*, a correspondência facial (*face match*), e a alta qualidade na captura da foto, todos voltados para evitar o uso indevido de documentos de terceiros por fraudadores.

Diversas plataformas permitem que as partes realizem assinaturas eletrônicas simples, utilizando, por exemplo, o e-mail como forma de identificação. Cada plataforma adota seus próprios procedimentos, como permitir a escolha de diferentes fontes que representam visualmente a assinatura, a assinatura tra-

---

10. DIAS, Claudio Mariano. O julgado do STJ sobre assinaturas eletrônicas e a vulnerabilidade de sistemas não credenciados. Disponível em: https://cryptoid.com.br/colunistas/claudio-mariano-dias/o-julgado-do-stj-sobre-assinaturas-eletronicas-e-a-vulnerabilidade-de-sistemas-nao-credenciados/. Acesso em: 08 out. 2024.

dicional com o dedo ou mouse, ou até mesmo a adição de uma imagem com uma assinatura digitalizada.

Figura 18: assinaturas: (a) digitalizada; (b) mouse; (c) dedo; (d) escolha da fonte para representar visualmente a assinatura.
Fonte: autor

No final do fluxo de assinaturas, diversas plataformas adicionam seu certificado digital ao documento, atuando como uma espécie de "testemunha" e garantindo sua integridade. Nesse cenário, o problema da integridade do documento – de que ele não foi alterado após a assinatura – está resolvido. Contudo, a confiabilidade da identificação e da manifestação de vontade das partes é baixa, uma vez que se trata de uma assinatura digital simples.

Diante desse cenário, pode-se afirmar que a assinatura dessa "testemunha" possui maior confiabilidade, podendo ser considerada qualificada ou avançada em comparação à assinatura simples das partes.

As assinaturas eletrônicas relacionadas a empréstimos em instituições financeiras são objeto de grande demanda pericial. Nesse tipo de caso, é essencial conhecer o processo de contratação, já que cada instituição tem suas particularidades.

O pressuposto que fundamenta a alegação de que o indivíduo efetuou a contratação reside na assinatura do documento por meio de sua biometria facial, que o identifica de maneira inequívoca. Entretanto, frequentemente não há validação em bases oficiais, como o GOV.BR ou o e-Notariado, para confirmar a identidade do indivíduo.

Ademais, outros elementos integram esse processo, compondo o que se denomina trilha de auditoria. Trata-se de um conjunto de registros informacionais, acompanhados por outros artefatos correlacionados, que juntos estabelecem o contexto necessário para a análise.

A biometria é uma tecnologia de autenticação que utiliza características físicas ou comportamentais únicas de um indivíduo, como impressões digitais, padrões de voz, reconhecimento facial, íris, veias, e até assinaturas. Quando aplicada com metodologias e ferramentas adequadas, a biometria pode identificar a pessoa com alta precisão e segurança.

Atualmente, a biometria facial é uma das técnicas mais utilizadas, sendo amplamente usada como uma forma de assinatura. No entanto, ela também está sujeita a fraudes.

A análise da biometria facial exige que o perito tenha conhecimento em prosopografia – a comparação de características faciais humanas – além de habilidades em manipulação de imagens, uma vez que é importante considerar a possibilidade de que as imagens tenham sido editadas por meio de software.

Para a análise da biometria facial, o perito pode utilizar técnicas manuais ou automatizadas para comparar e identificar rostos. Existem programas e sites que auxiliam na comparação; contudo, essas ferramentas não eximem o perito de ter conhecimento avançado sobre o exame, pois sua confiabilidade pode ser questionada, especialmente no que diz respeito à metodologia adotada pelos algoritmos.

Foram submetidas duas fotos – uma do autor e outra de seu irmão – em dois sites diferentes para ilustrar a fragilidade dos sistemas de reconhecimento facial. Os resultados variaram significativamente, com 2% e 51% de similaridade entre as faces.

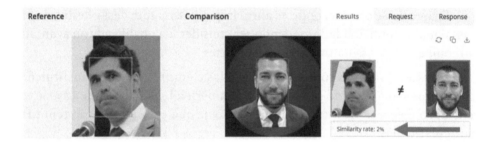

Figura 19: faceapi.regulaforensics.com e facecomparison.toolpie.com

6. DESAFIOS DO EXAME FORENSE EM ASSINATURAS ELETRÔNICAS

A perícia em assinaturas eletrônicas exige que peritos em documentoscopia e grafoscopia adaptem seus conhecimentos às novas demandas impostas pela natureza digital dos vestígios. A ausência de padronização dificulta a análise forense desses tipos de assinaturas. Ao contrário da grafoscopia, conforme mencionado no tópico anteriormente, essa ciência forense já possui metodologias claramente estabelecidas para a condução dos exames.

Essa modernização altera a natureza dos vestígios produzidos, exigindo uma mudança de paradigma na área de perícia. Profissionais que atuam em computação forense e multimídia forense também precisam se adaptar a essas novas demandas.

Embora se afirme que as assinaturas digitais fornecem mais segurança e são mais difíceis de falsificar do que as assinadas manualmente (em tablets ou papel), elas apresentam vulnerabilidades, como os sistemas protegidos por senha e PIN. A segurança da assinatura digital depende do acesso à chave privada. Se o computador onde a chave privada está armazenada não for seguro, isso tornará a chave privada vulnerável.

Embora a validade jurídica das assinaturas eletrônicas não seja contestada, há dúvidas sobre sua confiabilidade para a identificação inequívoca do signatário, especialmente no caso das assinaturas simples.

Os exames em assinaturas qualificadas e avançadas são realizados com o suporte de ferramentas de perícia digital. Podemos mencionar o assinador da SERPO, Xolido Sign e o Validar, que verifica a conformidade de assinaturas eletrônicas ICP-Brasil, GOV.BR, além do Adobe Acrobat Reader DC ou Foxit PDF, que fazem a verificação especificamente para assinaturas PAdES.

A verificação técnica de uma assinatura digital ICP-Brasil envolve validar a cadeia de certificados, verificar sua validade e revogação, gerar o hash e compará-lo com o hash da assinatura. Utilizando os princípios da documentoscopia convencional, é necessário analisar tanto o documento digital quanto a assinatura, observando a validade do certificado e comparando os hashes gerados.

O perito deve ir além do papel de mero operador de ferramentas. É essencial compreender os processos, as particularidades e as limitações das ferramentas à disposição. O domínio dos conceitos é crucial para realizar análises mesmo na ausência de instrumentos automatizados. Além disso, é imprescindível ter conhecimento sobre as estruturas de arquivos e o funcionamento interno dos sistemas.

Na análise de documentos digitais, utilizam-se as abordagens perceptual e estrutural no exame de autenticidade e integridade dos arquivos. Em conjunto, fornecem uma visão completa do documento questionado. A análise perceptual foca na observação visual e na comparação direta dos elementos do documento digital. Ela envolve a identificação de diferenças visíveis e coesão visual, sem necessariamente utilizar ferramentas avançadas, mas já pode indicar áreas suspeitas de manipulação.

Por sua vez, a análise estrutural vai além da observação superficial e visa entender a composição interna do documento digital, explorando os metadados e a estrutura de codificação do arquivo. O principal desafio do exame forense em assinaturas eletrônicas reside nas assinaturas simples, especialmente naquelas realizadas por instituições financeiras.

O perito precisa compreender o sistema por trás da contratação, considerando os diferentes tipos de artefatos eletrônicos usados para validar o que constitui um contrato. Entendidos os artefatos eletrônicos envolvidos, o próximo passo é identificar o elemento que comprova que a pessoa determinada realizou a contratação questionada.

Geralmente, o pressuposto para a contratação é o uso da biometria facial, que identifica o indivíduo de forma clara. A trilha de auditoria inclui registros como chats automatizados, IP, geolocalização e tokens, fornecendo o contexto necessário para verificar a autenticidade de assinaturas eletrônicas. É fundamental analisar esses artefatos e seus metadados para entender sua função específica.

Neste caso, o foco está no contexto em que o documento foi assinado, e não na confirmação da identidade do indivíduo. O objetivo de estabelecer esse contexto é conferir credibilidade ao processo como um todo. O reconhecimento facial é crucial para confirmar a identidade, mas sua eficácia depende da confiabilidade dos parâmetros e das políticas de validação utilizadas.

Os elementos presentes nesse contexto devem demonstrar coerência com as alegações da instituição. Divergências indicam inconsistências em relação às hipóteses levantadas, considerando as limitações de cada artefato. A essência da verificação da identidade do signatário está na conferência de sua biometria facial. No entanto, nenhum desses artefatos garante efetivamente que a pessoa realmente estava presente no momento da assinatura. Além disso, a biometria facial não garante a confirmação da identidade devido às limitações do sistema, que pode permitir o uso de fotos ou processos inadequados, como reconhecimento dinâmico ou estático.

O exame de biometria facial deve seguir metodologias científicas reconhecidas, como as diretrizes estabelecidas pelo Grupo de Trabalho Científico de Identificação Facial (FISWG), que garantem a precisão da análise. O uso de sites para análise facial levanta questões sobre confiabilidade e privacidade, já que os algoritmos nem sempre passam por testes rigorosos e o upload de imagens pode expor dados a riscos de vazamento.

Algumas instituições permitem fotos de baixa qualidade, com iluminação inadequada, sombras ou ângulos desfavoráveis, o que compromete a identificação facial. Segundo Heidi Harralson,[11] é necessário ter acesso às melhores evidências disponíveis em posse da instituição. Nesse contexto, pode-se questionar a confiabilidade dos dados entregues ao perito.

Segundo Thamay e Tamer,[12] a prova digital deve observar três fatores principais: autenticidade (garantia sobre a identidade do autor); integridade (certeza de que a prova não foi adulterada); e preservação da cadeia de custódia (assegurando autenticidade e integridade ao longo de todo o processo de produção da prova digital, desde a coleta até sua apresentação no processo judicial).

De acordo com Leandro Morales,[13] no âmbito da ISO 27037, a cadeia de custódia refere-se ao processo pelo qual o histórico de manuseio das evidências digitais é mantido e documentado. O objetivo é garantir que as evidências sejam coletadas, armazenadas e manipuladas de forma a preservar sua integridade e autenticidade.

Outro ponto que merece atenção é a compreensão das limitações dos artefatos contextuais. Os contratos que mais demandam exames forenses geralmente envolvem selfie, IP, geolocalização e outros artefatos da trilha de auditoria, mas esses elementos apresentam limitações e vulnerabilidades a fraudes.

A geolocalização é obtida por sinais de internet, GPS e outros métodos, mas sua precisão e segurança são limitadas. O uso de aplicativos ou VPN torna a geolocalização suscetível a fraudes, e essa informação não garante segurança por si só. A geolocalização deve ser vista como um elemento que estabelece um contexto, mas não oferece garantias de segurança efetiva.

Da mesma forma, o IP também apresenta fragilidades, sendo suscetível a manipulações, como o IP spoofing, que consiste em falsificar um endereço IP para mascarar a origem de uma comunicação. Segundo Marcelo Costa,[14] determinar a origem dos dados não significa determinar a autoria. A origem refere-se ao ponto de conexão física, como linhas telefônicas ou modems, mas o autor da mensagem pode não estar presente nesse local. A autoria está relacionada ao agente que cria a mensagem e ao dispositivo usado para sua produção.

---

11. HARRALSON, Heidi H. *Developments in handwriting and signature identification in the digital age*. New York: Elsevier, 2013.
12. THAMAY, Rennan Faria Krüger; TAMER, Maurício. *Provas no direito digital*: conceito da prova digital, procedimentos e provas digitais em espécie. 2. ed. São Paulo: Thomson Reuters Brasil, 2022.
13. LEANDRO, Morales Baier Stefano. *Integridade das provas*: conceitos de perícia digital para operadores de direito. Independente, 2024.
14. COSTA, Marcelo Antônio Sampaio Lemos. *Computação forense*. 3. ed. Campinas, SP: Editora Millennium, 2020.

No IPv4, há uma distinção entre IPs públicos e privados. O IP público é acessível a qualquer pessoa na internet, permitindo o acesso a sites e serviços online, enquanto o IP privado é utilizado em redes locais e não é visível publicamente.

É importante salientar que os estoques de endereços IPv4 se esgotaram em 18/08/2020, o que aumentou a necessidade de adoção de soluções como o CG-NAT. Com a previsão do esgotamento desde 2014, os provedores já utilizam o CGNAT (Carrier-Grade NAT), um recurso que permite compartilhar os escassos endereços IPv4 entre diferentes consumidores.

A falta de informação sobre a porta lógica impede a identificação exata de qual usuário estava conectado ao IP no momento do acesso. Conforme a ANATEL, "a única forma das prestadoras fornecerem o nome do usuário que usa um IP compartilhado em um determinado instante seria com a informação da 'porta lógica de origem da conexão' que estava sendo utilizada durante a conexão. Dessa forma, os provedores de aplicação devem fornecer não somente o IP de origem utilizado, mas também a 'porta lógica de origem.'"

Neste sentido, na ausência da informação referente à porta lógica, que não se encontra nos relatórios de trilha de auditoria anexados, não é possível afirmar de maneira categórica e segura a origem do usuário conectado ao IP especificado em qualquer momento.

Usando ferramentas de consulta WHOIS, é possível acessar informações tanto de endereços IPv4 quanto de IPv6, como as disponíveis no Registro.BR para domínios nacionais ou no Icann Lookup para domínios internacionais.

Após a identificação do provedor de internet, é possível fazer um pedido judicial para a quebra do sigilo de dados telemáticos, solicitando a divulgação das informações do usuário associado ao IP em uma data e horário específicos, conforme o fuso horário. Torna-se imprescindível que nesse pedido haja pelo menos três indicadores: o endereço IP, a data da captura do tráfego de dados e o horário, com o fuso horário (GMT ou UTC) especificado.

Algumas ferramentas fornecem a localização física aproximada do endereço IP, mas essa precisão é limitada. A geolocalização por IP depende de bancos de dados que associam intervalos de endereços IP a áreas geográficas específicas.

Os artefatos relacionados a IP e geolocalização devem ser validados, mas não são responsáveis pela assinatura do documento. Eles fornecem dados sobre a origem das informações, mas não sobre a autoria.

Ainda existem contratos que, além desses artefatos, podem ser firmados com assinaturas manuscritas capturadas de forma eletrônica. Para isso, pode-se usar uma caneta especial, o dedo ou o mouse, dependendo do dispositivo, como mencionado anteriormente.

Nesse cenário, o perito precisa determinar se a assinatura é estática, capturando apenas a imagem final, ou dinâmica, registrando o movimento, pressão e velocidade durante o processo de assinatura. Nesse contexto, a análise abrange tanto o campo da grafoscopia quanto o da perícia digital.

Figura 20: Assinatura em dispositivo eletrônico. Fonte autor

É importante que o perito grafoscópico esteja atualizado, pois deve observar as mudanças na metodologia tradicional em relação à captura digital de assinaturas. Além disso, o perito precisa entender as limitações de hardware e software, assim como as soluções disponíveis no mercado, de modo que possa realizar corretamente os confrontos grafoscópicos e avaliar a integridade dos registros gráficos capturados digitalmente.

7. PROFISSIONAL QUALIFICADO PARA EXAME EM ASSINATURAS ELETRÔNICAS

Considerando a taxonomia das assinaturas, adaptada por Erick Simões e Priscila Sily,[15] e a metodologia proposta por Heidi Harralson,[16] estas são organizadas em três categorias: criptográfica digital, manuscrita biométrica e manuscrita estática.

A assinatura criptográfica digital, a primeira categoria, utiliza algoritmos para assegurar a autenticidade e a integridade dos documentos, sem envolver o

---
15. SIMÕES, Erick; SILY, Priscila. *Grafoscopia digital*. Curso online pela FTA, 2021.
16. HARRALSON, Heidi H. *Developments in handwriting and signature identification in the digital age*. New York: Elsevier, 2013.

processo físico de escrita. Embora esteja fora do foco da grafoscopia, é fundamental incluí-la na metodologia para reconhecer suas limitações, especialmente no contexto forense, e oferecer orientações adequadas a clientes e investigadores. Quando assinaturas digitais são combinadas com manuscritas eletrônicas, a colaboração entre peritos de evidências digitais e especialistas em escrita pode ser necessária.

A segunda categoria, a assinatura manuscrita biométrica, envolve a captura de dados computacionais que combinam características dinâmicas e estáticas da escrita. A análise inclui uma verificação das condições de captura e a confiabilidade do armazenamento dos dados. Se as características biométricas não forem capturadas ou os dados não estiverem disponíveis, a assinatura deve ser tratada como estática.

Por fim, a terceira categoria é a assinatura manuscrita estática, também conhecida como assinatura digitalizada, capturada em um dispositivo eletrônico sem dados biométricos associados. A análise dessa assinatura enfrenta desafios, principalmente pela possibilidade de manipulação digital, dificultando a associação conclusiva com o documento.

Adaptando a metodologia proposta ao contexto brasileiro, o profissional da perícia digital é o mais indicado para realizar exames em assinaturas eletrônicas, sejam elas digitais, avançadas ou simples, incluindo aquelas verificadas por meio de selfies e informações contextuais, como IP e geolocalização. No entanto, assinaturas manuscritas capturadas eletronicamente devem ser analisadas por um perito grafoscópico, que deve estar preparado para lidar com as novas demandas da perícia grafotécnica, especificamente a grafoscopia digital.

8. CONCLUSÃO

O exame de assinaturas eletrônicas, em comparação com a grafoscopia tradicional, ainda precisa de avanços significativos, demandando estudos e metodologias bem definidas. Embora as evidências sejam de naturezas distintas, o objetivo de identificar a autoria e assegurar a manifestação de vontade permanece o mesmo, garantindo compromissos jurídicos.

O aumento das assinaturas eletrônicas exige peritos com conhecimentos específicos. Enquanto os peritos grafotécnicos lidam com assinaturas manuscritas, os peritos digitais estão mais preparados para analisar vestígios digitais e sistemas binários.

A falta de padronização e estudos específicos para assinaturas eletrônicas cria grandes desafios para a sociedade. Além disso, a nomeação de profissionais sem o conhecimento necessário em computação forense pode comprometer a qualidade das análises.

Alguns conceitos da grafoscopia, como a exigência de um número mínimo de elementos para individualização, podem ser adaptados para o exame de assinaturas eletrônicas simples, ajudando a avaliar a autenticidade.

A falta de informações essenciais para verificar a autenticidade e integridade compromete o exame, gerando risco de insegurança jurídica. Segundo Samuel Feuharmel,[17] é fundamental que o perito diferencie a realidade da autoria de uma assinatura da convicção obtida em seu exame. A convicção depende da quantidade e significância dos elementos técnicos reunidos.

Diante da falta de procedimentos padronizados para assinaturas eletrônicas, é possível adaptar a metodologia da grafoscopia, avaliando o grau de significância das evidências. Isso envolve classificar as evidências como muito significativas, significativas ou pouco significativas, considerando o grau de confiabilidade das informações disponíveis.

É crucial não confundir a realidade da assinatura – se foi ou não produzida pela pessoa certa – com a realidade da perícia, que muitas vezes é realizada com diversas limitações, considerando como os documentos e assinaturas questionadas, bem como seus artefatos, são apresentados.

Por fim, é essencial que o perito compreenda as limitações das evidências e dos métodos empregados, reconhecendo que a realidade da assinatura nem sempre corresponde à realidade da perícia.

REFERÊNCIAS

COSTA, Marcelo Antônio Sampaio Lemos. *Computação forense*. 3. ed. Campinas, SP: Editora Millennium, 2020.

DIAS, Claudio Mariano. O julgado do STJ sobre assinaturas eletrônicas e a vulnerabilidade de sistemas não credenciados. Disponível em: https://cryptoid.com.br/colunistas/claudio-mariano-dias/o-julgado-do-stj-sobre-assinaturas-eletronicas-e-a-vulnerabilidade-de-sistemas-nao-credenciados/. Acesso em: 08 out. 2024.

FEUERHARMEL, Samuel. *Análise grafoscópica de assinaturas*. 2. ed. Lisboa: Millennium, 2023.

HARRALSON, Heidi H. *Developments in handwriting and signature identification in the digital age*. New York: Elsevier, 2013.

LEANDRO, Morales Baier Stefano. *Integridade das provas: conceitos de perícia digital para operadores de direito*. Independente, 2024.

MENDES, Lamartine. Atua. Wanira Albuquerque. *Documentoscopia*. 4. ed. São Paulo: Millennium, 2015.

NAGY, Marcelo. *Forense em assinatura eletrônica*: livro de referência do estudante. Independente, 2024.

---

17. FEUERHARMEL, Samuel. *Análise grafoscópica de assinaturas*. 2. ed. Lisboa: Millennium, 2023.

SIMÕES, Erick; SILY, Priscila. *Grafoscopia digital*. Curso online pela FTA, 2021.

THAMAY, Rennan Faria Krüger; TAMER, Maurício. *Provas no direito digital*: conceito da prova digital, procedimentos e provas digitais em espécie. 2. ed. São Paulo: Thomson Reuters Brasil, 2022.

VALERIO, Alexandre Scigliano. *Direito notarial e registral digital*: possibilidades de aplicação da tecnologia aos procedimentos realizados nos cartórios extrajudiciais. Edição Kindle.

PERÍCIAS EM ASSINATURAS ELETRÔNICAS MANUSCRITAS

Renato Guedes dos Santos

Ante o reconhecimento legal das assinaturas eletrônicas, o avanço tecnológico e a crescente utilização de documentos digitais, os questionamentos em demandas judiciais sobre a autenticidade de assinaturas manuscritas em formato eletrônico se tornaram frequentes. Com isso, os peritos em grafoscopia, que há muito tempo se dedicam ao exame de escritas em papel e caneta com tinta, vislumbram agora um cenário promissor diante das novas possibilidades de análise, mas precisam enfrentar desafios para conquistar essa nova fronteira

1. INTRODUÇÃO

Há séculos, as assinaturas são utilizadas como forma de aprovação, autenticação e identificação dos seus signatários. Os antigos selos chineses, os símbolos pictográficos egípcios ou as marcas personalizadas dos romanos já serviam a esse contexto. Mas foi apenas na Idade Média que o ato de assinar o próprio nome ou de utilizar sinais distinguíveis passou a se difundir, evoluindo para as assinaturas manuscritas, tal como conhecemos hoje.

Em decorrência do aumento das taxas de alfabetização, as assinaturas se tornaram cada vez mais usuais, personalizadas e reconhecíveis, lançando as bases para o reconhecimento das assinaturas manuscritas como meio legal e formal de endosso, sendo reconhecidas como uma das formas mais confiáveis para a confirmação da identidade e intencionalidade.

Nos últimos anos, por conta das novas tecnologias, do acesso facilitado à internet e de legislações validando o uso de assinaturas eletrônicas, houve uma crescente necessidade de conferir autenticidade no meio digital. Em resposta, a assinatura manuscrita evoluiu e ganhou versões eletrônicas.

Para os peritos em caligrafia, a assinatura eletrônica manuscrita representa uma nova e desafiadora fronteira de análise porque, ao mesmo tempo que conserva conceitos e características inerentes às assinaturas produzidas em papel e caneta com tinta, está carregada de particularidades e possibilidades que alteram, limitam e, ao mesmo tempo, ampliam o estudo dos grafismos.

Afinal, a evolução para o ambiente digital trouxe consigo a oportunidade de capturar não apenas a forma estática da assinatura, mas também os dados biodinâmicos associados ao processo de produção da escrita. Isso permite aos exames forenses contemplar de maneira objetiva aspectos da escrita antes inalcançáveis, tais como velocidade, ritmo, pressão e inclinação da caneta, aceleração e tempo de execução dos movimentos, oferecendo uma camada adicional de segurança e precisão na validação da autenticidade das assinaturas.

Neste artigo, exploramos algumas técnicas utilizadas na perícia grafoscópica digital, destacando como as tecnologias atuais têm possibilitado análises forenses mais completas e robustas, identificando facilidades, limites, vantagens e desvantagens das assinaturas eletrônicas manuscritas quando comparadas às assinaturas manuscritas tradicionais, produzidas em papel e caneta com tinta. Como referência, consultamos a bibliografia de autores consagrados e contamos com o acervo e experiência do gabinete Renato Guedes Perícias, sendo utilizados os programas Namirial Firma Certa Forensic e Microsoft Excel, um terminal de assinaturas Wacom STU-540 e um tablet Samsung S6.

2. ASSINATURAS MANUSCRITAS

Segundo Huber e Headrick,[1] ato de escrever é uma habilidade adquirida complexa que envolve recursos do sistema nervoso central, memórias, percepção visuoespacial e o controle de vários grupos musculares, sendo ainda influenciado pelo nível de escolaridade e por questões socioculturais. Para esses renomados autores, o ato de escrever decorre de elementos produzidos conscientemente e de outros produzidos inconscientemente pelo escritor, tornando-se automático e mais elaborado com o passar do tempo, de maneira que cada assinatura manuscrita é única e contém informações biométricas que permitem identificar seu autor.

Nesse ponto, devemos lembrar que Mason[2] ressaltou que a assinatura é um ato intencional antes de tudo, ou seja, a simples presença de uma marca pessoal não é suficiente para demonstrar que a intenção de assinar existiu. O *Oxford English Dictionary* vai no mesmo sentido ao definir que uma pessoa assina um documento quando escreve ou marca algo nele como sinal da sua intenção de se vincular ao seu conteúdo.

Segundo Diaz et al.,[3] a assinatura manuscrita cumpre essa dupla importância jurídica, uma vez que permite estabelecer a identidade da pessoa e, ao mesmo tempo, demonstrar que essa pessoa teve a intenção de assinar o documento quando

---

1. HUBER, R. A.; HEADRICK, A. M. *Handwriting Identification*: Facts and Fundamentals. CRC Press LLC, New York, 1999.
2. MASON, S. *Electronic evidence*. 2. ed. London: LexisNexis Butterworths. 2010.
3. DIAZ, M.; FERRER, M.; IMPEDOVO, D.; MALIK, M. I.; PITLO, G.; PLAMONDON, R. *A Perspective Analysis of Handwritten Signature Technology*. ACM Computing Surveys (CSUR), New York, NY, USA, v. 51, Issue 6, Article n. 11, p. 1-39, doi 10.1145/3274658, novembro, 2019.

firmou sua assinatura nele. Não por acaso, a assinatura manuscrita tem a força legal das assinaturas qualificadas, aquelas consideradas mais robustas sob ponto de vista da segurança.

De fato, uma solução de biometria facial, por exemplo, pode identificar uma pessoa e assinar um documento, mas não tem a capacidade de demonstrar que aquela pessoa teve a intenção de assinar, sendo passível de repúdio.

3. ASSINATURAS ELETRÔNICAS MANUSCRITAS

Quando falamos em assinaturas eletrônicas manuscritas, estamos nos referindo às assinaturas feitas manualmente em tablets, celulares, mesas digitalizadoras ou qualquer outro dispositivo com tela ou plataforma sensível ao toque, que funcione como suporte para o registro das assinaturas eletrônicas, da mesma maneira que o papel é o suporte para as escritas tradicionais feitas com caneta de tinta.

Para compreender a modalidade manuscrita de assinatura eletrônica, precisamos ter em mente que a captura digital da assinatura requer o uso combinado de programas de computador (software) com dispositivos físicos (hardware), sendo estes compostos pelo suporte digital (pad) e a caneta stylus.[4]

Em algumas situações, o mouse também pode ser utilizado como instrumento escritor, apesar dos resultados serem pouco confiáveis.

Enquanto alguns suportes digitais são plataformas com tecnologias simples, desprovidos até mesmo de tela, outros podem ter telas coloridas com alta resolução gráfica e sensibilidade para identificar dinamicamente os diferentes níveis de pressão aplicados na tela pelo instrumento escritor durante a escrita, permitindo que os usuários variem a espessura da linha e os efeitos de sombreamento de acordo com a pressão aplicada sobre o suporte.

Para a produção da escrita, alguns suportes digitais exigem o uso de canetas stylus, enquanto outros admitem o uso de qualquer instrumento que exerça pressão sobre a tela, tais como canetas plásticas, apontadores emborrachados ou mesmo o dedo.

Por falar em caneta stylus, ela é mais um fator que pode interferir decisivamente nos resultados obtidos pela captura digital de assinaturas. Apoiada pela fusão da engenharia de precisão, sensores avançados e tecnologias de ressonância eletromagnética e de comunicação sem fio, as modernas canetas stylus vêm

---

4. Caneta stylus: instrumento semelhante a uma caneta, utilizado para interagir com telas sensíveis ao toque de dispositivos eletrônicos, como smartphones, tablets e computadores. As principais tecnologias empregadas por essas canetas são a capacitiva, resistiva e eletromagnética.

se beneficiando de uma intrincada combinação de hardware e software, que as capacita a fornecer uma interação responsiva, precisa e imersiva com interfaces digitais, transcendendo em muito as limitações da entrada de toque tradicional.

Com a aplicação dessas novas tecnologias, além da sensibilidade a milhares de níveis de pressão, é possível registrar os movimentos aéreos realizados com a caneta stylus sobre o suporte, abrindo portas para exames grafoscópicos inovadores baseados nas informações objetivas fornecidas pela caneta, tais como localização, inclinação e ângulo de azimute,[5] pressão exercida, tempo decorrido, velocidade e aceleração a cada instante.

Vale lembrar que existem tecnologias que não dependem de tablets e podem ser utilizadas para a captura da escrita. Harralson[6] cita as canetas digitais Dane-Elec Zpen, que permitem escrever no papel como uma caneta esferográfica tradicional, transmitindo os grafismos produzidos para o computador, e a Smartpen Livescribe, que grava áudio e notas manuscritas utilizando um papel especial com micropontos, registrando tudo o que estiver sendo escrito com uma câmera infravermelha na ponta da caneta.

Assim, a aparência e as informações que as escritas eletrônicas manuscritas podem produzir estão intimamente ligadas às tecnologias permitidas pelo hardware e pelas características do software utilizado, não havendo uma qualidade uniforme nem uma forma única de execução.

Merece destaque o fato de que a análise de manuscritos eletrônicos vai além dos objetivos tradicionais da grafoscopia. Asselborn et al.,[7] por exemplo, realizaram um estudo interessante sobre a identificação de dificuldades na escrita com crianças em idade escolar baseando-se na captura de dados biométricos, especialmente pressão, inclinação e azimute.

Outro ponto relevante é que, embora as assinaturas eletrônicas manuscritas sejam armazenadas na forma de bits, por serem arquivos de computador, seu campo de estudo ainda reside na grafoscopia, uma vez que são resultantes dos gestos gráficos realizados pelo punho escritor. Trata-se, portanto, de uma especialização digital da grafoscopia. No entanto, questões relacionadas a transplantes

---

5. O azimute representa a direção angular no plano horizontal para onde a ponta da caneta está apontando durante a escrita ou o desenho. Junto com a inclinação, que corresponde ao ângulo vertical da caneta em relação à superfície, essas informações fornecem detalhes precisos sobre os padrões de escrita, contribuindo significativamente para a análise de assinaturas e documentos escritos digitalmente.
6. HARRALSON, H. *Developments in Handwriting and Signature Identification in the Digital Age*. Routledge. Disponível em: https://www.perlego.com/book/1560830. Acesso: 16 set. 2024.
7. ASSELBORN, T.; CHAPATTE, M.; DILLENBOURG, P. Extending the Spectrum of Dysgraphia: A Data Driven Strategy to Estimate Handwriting Quality. *Sci Rep* 10, 3140 (2020). https://doi.org/10.1038/s41598-020-60011-8.

de assinaturas eletrônicas manuscritas podem exigir a análise do documento por peritos em tecnologia.

3.1 Tipos de assinaturas eletrônicas manuscritas

Vimos que as assinaturas eletrônicas dependem do hardware e do software utilizados para sua produção. Na prática, existem duas categorias de assinaturas que devemos considerar: as estáticas e as dinâmicas.

3.1.1 Assinatura estática

A assinatura estática representa a forma mais simples de assinatura eletrônica manuscrita. Nessa modalidade, o desenho da assinatura é salvo no computador como um arquivo de imagem.

Independentemente da tecnologia utilizada para sua captura, o registro da assinatura estática não armazena informações sobre o tempo de execução ou a pressão exercida pelo instrumento escritor sobre o suporte durante sua produção.

As figuras 1 e 2, adiante, exemplificam assinaturas estáticas.

Figura 1 – Assinatura estática monótona

Fonte – Acervo do perito

A figura 1 representa o pior cenário para uma assinatura manuscrita eletrônica. Note-se que ela é monótona, sem variações de claro e escuro, não oferecendo qualquer possibilidade de análise da cinética do seu desenvolvimento, já que não demonstra o sentido dos gestos gráficos, a velocidade da escrita, nem a dinâmica entre as forças de pressão e progressão do instrumento escritor durante a assinatura.

Dependendo da qualidade do software e do dispositivo de captura da assinatura, além das coordenadas de posicionamento da caneta, podem ser considerados fatores como a pressão do instrumento escritor sobre o suporte e a velocidade, resultando em assinaturas mais expressivas, como demonstrado na figura 2, a seguir.

Figura 2 – Assinatura estática com pressão variável

Fonte – Acervo do perito

Note-se que, na figura 2, é possível distinguir traços mais grossos e traços mais finos, pois o método de captura da assinatura considerou os diferentes níveis de pressão aplicados pelo instrumento escritor sobre o suporte.

Nas assinaturas estáticas, os exames grafoscópicos não serão diferentes daqueles realizados em assinaturas feitas em papel e com canetas de tinta. No entanto, é importante observar que o exame não poderá ser guiado pelo método grafocinético. Ainda assim, diversas características podem ser consideradas, tais como morfologia, dimensões, inclinações axiais, proporções entre maiúsculas e minúsculas, momentos e mínimos gráficos, passantes inferiores e superiores, espaçamentos entre literais e vocábulos, gladiolagem, entre outros.

Como o perito pode receber para avaliação uma assinatura estática já digitalizada e incorporada a documentos, além das questões grafoscópicas, Harralson[8] alerta que, devido a eventuais manipulações digitais dessas assinaturas, nem sempre será possível associar de forma conclusiva a assinatura digitalizada ao documento. Nesse caso, o examinador poderá limitar-se a opinar apenas sobre as características da caligrafia da assinatura.

3.1.2 Assinatura dinâmica

Na escrita feita com caneta esferográfica, uma pequena esfera na ponta da caneta gira e transfere a tinta do reservatório para o papel à medida que o punho movimenta a caneta.

Já na escrita eletrônica, não temos tinta. Durante a escrita, um programa de computador captura e registra a localização da ponta da caneta sobre o suporte à medida que os gestos gráficos se desenvolvem, definindo uma sequência de pontos que permitirá gerar o desenho visual da assinatura através da união desses pontos.

---

8. HARRALSON, H. *Developments in Handwriting and Signature Identification in the Digital Age*. Routledge. Disponível em: https://www.perlego.com/book/1560830. Acesso: 16 set. 2024.

Chamamos de taxa de amostragem a quantidade de pontos capturados a cada segundo durante o movimento da caneta stylus, sendo este um dos fatores que influenciam diretamente a precisão da captura da assinatura. A taxa de amostragem típica para uso profissional é de 200 pontos por segundo, ou seja, um ponto a cada 5 milissegundos. Quanto mais pontos forem capturados, maior será a fidelidade da assinatura eletrônica em relação à sua correspondente original. É importante notar que taxas de amostragem muito distintas podem gerar resultados também diferentes.

Mason[9] definiu que "uma assinatura manuscrita biodinâmica usa uma caneta e suporte especial que medem e registram a ação da pessoa enquanto ela assina, criando uma versão digital da assinatura manuscrita".

Vejamos os exemplos de assinaturas dinâmicas nas figuras 3 e 4, a seguir.

Figura 3 – Assinatura dinâmica – pontos capturados

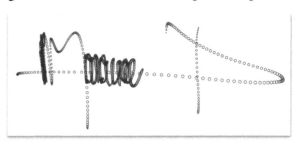

Fonte: Namirial Firma Certa Forensic

Através da figura 3, podemos visualizar a sequência de pontos capturados durante o lançamento da assinatura. Mesmo sem o uso de instrumentos ou ampliação, é possível perceber a velocidade dos gestos em função dos espaçamentos entre os pontos. Quanto maior for a velocidade do punho escritor, maior será a distância entre os pontos capturados, e vice-versa. Assim, pontos próximos indicam menor velocidade, enquanto pontos afastados indicam maior velocidade da caneta.

Uma vez capturados os pontos, não será difícil criar linhas para uni-los, tal como vemos nas atividades infantis de ligar pontos para revelar desenhos. A figura 4 mostra o resultado da assinatura após a conexão dos pontos.

---

9. MASON, S. *Electronic evidence*. 2. ed. London: LexisNexis Butterworths. 2010.

Figura 4 – Assinatura dinâmica – pontos unidos

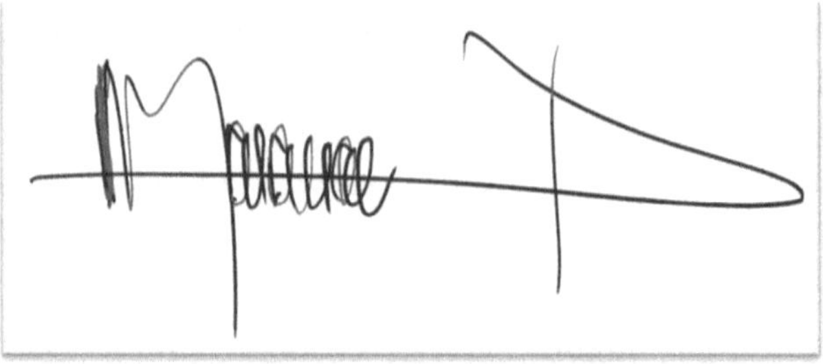

Fonte: Namirial Firma Certa Forensic

4. TÉCNICAS DE ANÁLISE GRAFOSCÓPICA EM ASSINATURAS ELETRÔNICAS

Ferramentas forenses, como o software Namirial Firma Certa Forensic, podem auxiliar na avaliação de assinaturas eletrônicas manuscritas de diversas maneiras. Nos subtópicos a seguir, vamos apresentar algumas dessas possibilidades com relação à captura digital de assinaturas.

4.1 Como se parece uma assinatura eletrônica manuscrita?

Peritos em assinaturas podem ficar intimidados quando solicitados a identificar se uma assinatura é dinâmica ou estática, mas não devem se preocupar com isso.

Observe as figuras estática e dinâmica apresentadas anteriormente. Você saberia dizer qual delas é a dinâmica apenas olhando para as imagens? Difícil, não é? Já na figura 1, os traços monótonos parecem indicar que a assinatura seja estática, mas, por si só, isso não é uma garantia. Por outro lado, mesmo quando a captura da assinatura for realizada com tecnologias avançadas, nada impede que, ao final, ela seja armazenada apenas como uma imagem, perdendo as informações biométricas. Isso sempre dependerá do software utilizado e do objetivo da captura.

Logo, podemos concluir que não é possível diferenciar uma assinatura dinâmica de uma estática a partir da simples observação de suas formas.

4.2 Adaptação ao suporte e ao instrumento escritor

Da mesma forma que acontece na escrita tradicional, os grafismos produzidos em lousas digitais serão tanto melhores e mais fidedignos quanto mais o escritor estiver adaptado ao suporte e à caneta stylus. Nas figuras 5 e 6, a seguir, temos duas situações antagônicas.

Figura 5 – Condições inapropriadas

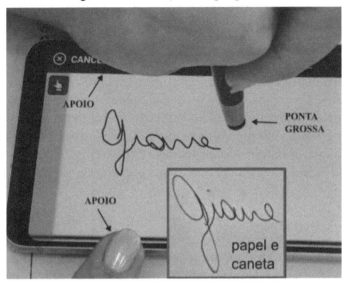

Fonte: Acervo do perito

Na figura 5, a caneta stylus possui uma ponta grossa e emborrachada, não se assemelhando às canetas usuais. Além disso, o suporte utilizado é um celular, que não oferece conforto à escritora. Observe que, para evitar que o celular deslize sobre a superfície, a escritora utilizou o punho da mão esquerda de um lado e um dedo da mão direita do outro lado para apoiar o dispositivo. É possível perceber também que a escritora é canhota e girou o celular para uma posição que favorecesse a escrita. Nessas condições, nota-se que a assinatura eletrônica exibe o mesmo planejamento e repertório de símbolos vistos na assinatura feita com papel e caneta, apresentada no destaque. No entanto, a execução foi prejudicada, apresentando tremores e aparentando menor espontaneidade.

Figura 6 – Condições adequadas

Fonte: Acervo do perito

Já na figura 6, temos uma assinatura com o escritor perfeitamente adaptado à escrita sobre a lousa, muito embora tenha sido seu primeiro contato com uma mesa digital de assinatura. Note-se que ambas as assinaturas da Sra. Carmelinda exibem características e hábitos gráficos semelhantes, permitindo, inclusive, comparações entre as escritas produzidas por tecnologias diferentes. A Wacom STU-540, terminal de assinatura utilizado no exemplo, dispõe de uma caneta stylus com tamanho e peso semelhantes aos de uma caneta esferográfica simples, além de pés emborrachados que impedem o suporte de escorregar. Ela também conta com tecnologia que confere elevada precisão na captura dos gestos do assinante. Nessas condições, a experiência do gabinete Renato Guedes Perícias demonstra que cerca de 92% dos escritores se sentem confortáveis ao assinar utilizando a STU-540.

4.3 Redução dos detalhes

Harralson[10] alerta que, durante o lançamento de assinaturas em superfícies digitais, os escritores podem simplificar os detalhes dos seus gestos gráficos se não estiverem perfeitamente adaptados ao suporte e ao instrumento escritor, especialmente quando o mouse é utilizado.

Na figura 7, a seguir, temos um caso concreto em que os detalhes finos da assinatura foram omitidos, mesmo sendo utilizado um equipamento profissional especializado na captura de assinaturas manuscritas eletrônicas.

Figura 7 – Omissão de detalhes

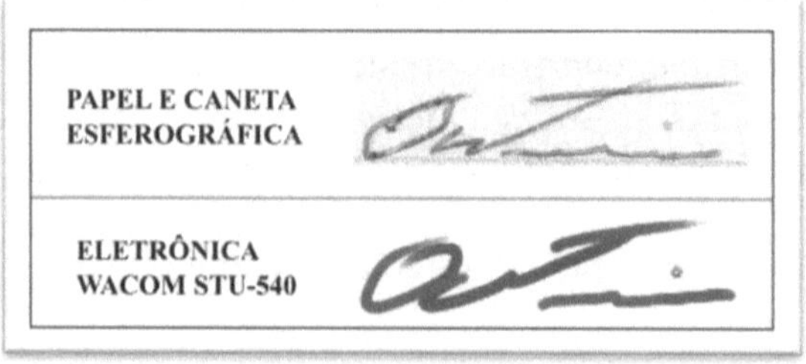

Fonte: Acervo do perito

Conforme pode ser visto na figura 7, no lançamento da assinatura eletrônica houve uma simplificação dos detalhes, resultando em uma assinatura com pouca fidelidade àquela realizada em papel e caneta esferográfica.

---

10. HARRALSON, H. *Developments in Handwriting and Signature Identification in the Digital Age*. Routledge. Disponível em: https://www.perlego.com/book/1560830. Acesso: 16 set. 2024.

Diante desse cenário, a recomendação de praxe é que o perito colha assinaturas tanto na modalidade eletrônica quanto em papel e caneta com tinta, sempre que possível, garantindo uma amostra maior e mais variada para suas análises.

4.4 Decomposição

Entre as diversas possibilidades de análise que não existem na escrita tradicional, a decomposição das assinaturas é uma técnica que consiste em separar cada gesto gráfico utilizado na assinatura realizada em suportes digitais, permitindo compreender seu desenvolvimento em detalhes. Por exemplo, imagine que desejemos entender como foi construída a assinatura vista na figura 8, a seguir.

Figura 8 – Assinatura a ser decomposta

Fonte: Namirial Firma Certa Forensic

Quantos gestos? Qual sequência? Onde estão os ataques e remates? Em programas forenses, a separação dos gestos pode ser realizada com apenas alguns cliques do mouse. Usando o Excel, o perito precisará produzir gráficos de dispersão para cada um dos gestos, o que ainda assim é um procedimento bastante simples. Independentemente da ferramenta utilizada, é possível visualizar separadamente os gestos gráficos empregados no desenvolvimento da assinatura e compreender o seu processo de construção, como demonstrado na figura 9, a seguir.

Figura 9 – Assinatura da figura 8 decomposta

Fonte: Namirial Firma Certa Forensic

4.5 Dados biométricos da assinatura dinâmica

Uma vez que o software capturou a assinatura na forma de pontos, registrando a pressão e o tempo a cada 5 milissegundos, é possível identificar com precisão a dinâmica entre as forças de pressão e progressão, permitindo gerar, a qualquer momento, desenhos e mapas coloridos das assinaturas, indicando a atuação dessas forças ao longo do seu traçado.

A Norma ISO/IEC 19794-7:2021 define que, nas assinaturas biodinâmicas, os dados das coordenadas espaciais (localização da caneta), pressão e tempo devem ser capturados na forma de uma série temporal multidimensional, admitindo-se a captura de parâmetros adicionais, tais como azimute, elevação, rotação e orientação da caneta.

Na prática, isso significa que as assinaturas dinâmicas nem precisam armazenar a imagem da assinatura, bastando armazenar os dados capturados, como: X e Y (coordenadas espaciais), T (tempo), P ou F (pressão ou força). Sempre que necessário exibir a imagem da assinatura, o software fará a plotagem e a ligação dos pontos.

Com os dados biométricos em mãos, é possível realizar análises objetivas sobre o comportamento do punho escritor ao longo da assinatura, verificando a similaridade entre os espécimes questionados e os padrões, por exemplo. As figuras 10 e 11, a seguir, ilustram essa demonstração.

Figura 10 – Confronto de 2 assinaturas – gestos

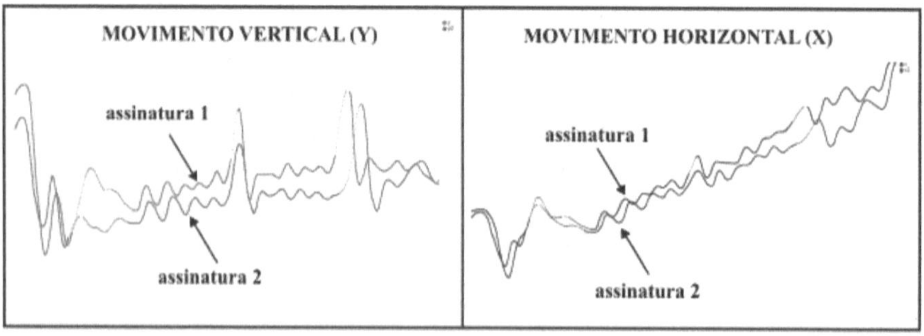

Fonte: Namirial Firma Certa Forensic

Na figura 10, podemos observar o comportamento dos movimentos horizontais e verticais do punho escritor durante o desenvolvimento das duas assinaturas confrontadas, sendo possível afirmar que as formas são altamente compatíveis, dada a grande semelhança das coordenadas X e Y, que definem a localização da caneta a cada instante.

Já na figura 11, a seguir, temos o comparativo das pressões aplicadas pelo instrumento escritor durante o desenvolvimento das mesmas assinaturas, demonstrando que, além da compatibilidade das formas, as pressões aplicadas a cada instante também coincidem fortemente. Como sabemos, a dinâmica entre pressão e evolução do traço remete a questões controladas pelo inconsciente, sendo, portanto, de difícil imitação.

Figura 11 – Confronto de 2 assinaturas – pressões

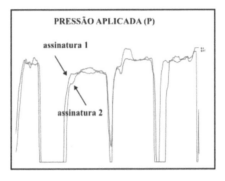

Fonte: Namirial Firma Certa Forensic

Exames semelhantes podem ser realizados para avaliar gestos aéreos, velocidade, aceleração ou inclinação da caneta stylus, sempre que os dados estiverem disponíveis.

De fato, a análise dos dados biométricos pode nos revelar muito sobre as assinaturas, sendo capaz de refutar ou admitir hipóteses mesmo sem a visualização do desenho das assinaturas. Logicamente, as análises objetivas só são possíveis em assinaturas dinâmicas.

4.6 Assinatura dinâmica como números

É certo que os programas forenses podem automatizar e simplificar o trabalho do perito, mas muitas análises e gráficos podem ser feitos apenas utilizando o Excel ou qualquer outro editor de planilhas, proporcionando mais liberdade para novas opções de análise.

O quadro 1, a seguir, é uma amostra dos dados biométricos de uma assinatura dinâmica real, apresentada na forma de planilha. Primeiro, vamos entender o significado das colunas:

- *Ponto* – representa o número sequencial dos pontos capturados;
- *Gesto* – agrupa os pontos de cada gesto gráfico;
- *X e Y* – coordenadas da posição da caneta no ponto indicado;
- *Tempo* – tempo decorrido desde o início da assinatura até o ponto indicado;
- *Pressão* – pressão exercida pela caneta no ponto indicado.

A tabela exemplificada no quadro 1 representa um recorte dos pontos 334 a 366, inclusive, de uma assinatura dinâmica.

Quadro 1 – Recorte de uma assinatura dinâmica na forma de dados

PONTO	GESTO	X (mm)	Y (mm)	TEMPO (mseg)	PRESSAO (%)
334	2	56,85	38,64	1865	78,20
335	2	56,74	38,92	1870	77,52
336	2	56,71	39,15	1875	76,93
337	2	56,73	39,30	1880	75,07
338	2	56,84	39,38	1885	72,73
339	2	57,00	39,36	1890	69,99
340	2	57,26	39,27	1895	66,47
341	2	57,56	39,07	1900	62,37
342	2	57,96	38,81	1905	56,50
343	2	58,38	38,44	1910	49,07
344	2	58,87	38,01	1915	41,45
345	2	59,42	37,50	1920	34,41
346	2	59,97	36,94	1925	29,72
347	2	60,55	36,37	1930	27,17
348	2	61,12	35,75	1935	25,32
349	2	61,69	35,10	1940	21,90
350	2	62,23	34,32	1945	15,54
351	2	62,84	33,50	1950	6,35
352		63,40	32,49	1960	-
353		64,02	31,38	1965	-
354		64,63	30,11	1970	-
355		65,23	28,69	1975	-
356		65,94	27,29	1980	-
357		66,59	25,88	1985	-
358		67,30	24,66	1990	-
359		67,93	23,60	1995	-
360		68,46	22,73	2000	-
361	3	68,94	22,09	2010	52,20
362	3	69,28	21,65	2015	57,18
363	3	69,55	21,42	2020	61,19
364	3	69,67	21,39	2025	64,81
365	3	69,66	21,60	2030	67,35
366	3	69,48	22,05	2035	70,09

Fonte: Namirial Firma Certa Forensic

A partir da análise do quadro acima, podemos concluir que:

a. Para cada ponto medido, o recorte apresenta: o gesto gráfico associado, o posicionamento da caneta, o tempo decorrido desde o início da assinatura e a pressão do instrumento escritor sobre o suporte.

b. O recorte contempla 33 pontos com uma duração total de 170 milissegundos (2.035 – 1.865), que representam parte do segundo e do terceiro gesto gráfico da assinatura.

c. Observando o posicionamento da caneta através das coordenadas X e Y, verifica-se que o punho escritor está em movimento.

d. Nota-se que a pressão no gesto 2 vai diminuindo gradativamente, passando de 78,20% no ponto 334 e chegando a 6,35% no ponto 351, indicando um remate desvanescente (ou em fuga).

e. Entre os pontos 352 e 360, a caneta deixa de pressionar o suporte (a pressão é zero), indicando que a caneta foi levantada por 40 milissegundos.

f. No ponto 361 ocorre o início (ataque) do gesto 3, com a caneta voltando a pressionar progressivamente a lousa.

5. ADEQUABILIDADE

A questão da adequabilidade, critério fundamental na perícia grafoscópica, está sempre presente quando falamos de assinaturas manuscritas eletrônicas. Afinal, podemos nós, peritos, comparar assinaturas eletrônicas com assinaturas tradicionais? Qual o risco de sermos levados a erros ou criticados pelos peritos assistentes das partes? Vamos refletir um pouco sobre isso.

Ora, comecemos considerando que, na prática da perícia grafoscópica, a adequabilidade ideal não existe. Para produzir um caderno de colheita, o perito normalmente observa o documento questionado, identifica o espaço destinado à assinatura e o tipo de instrumento escritor, quando possível. Em seguida, elabora modelos de formulários para colheita de padrões que considera compatíveis com os espaços no papel e a tecnologia do instrumento escritor. Assim, dá-se por satisfeito com a questão da adequabilidade.

Na verdade, segundo Pirlo,[11] "assinaturas manuscritas são sinais muito complexos; elas são o resultado de um processo elaborado que depende do estado psicofísico do signatário e das condições sob as quais o processo de aposição de assinatura ocorre".

Assim, para uma boa adequabilidade, seria necessário saber mais sobre o suporte, o instrumento escritor, as condições pessoais do escritor e a ergonomia oferecida no momento da produção da assinatura.

---

11. PIRLO, G., Impedovo, D. and Fairhurst, M. (2014) *Advances In Digital Handwritten Signature Processing*: A Human Artefact For E-society. WSPC. Available at: https://www.perlego.com/book/851192. Accessed: 20 Sept. 2024.

Afinal, qual foi o modelo da caneta utilizada? Mesmo as canetas esferográficas variam em peso, forma, tamanho e tipo de ponta (fina, média, grossa). Quais eram as condições ergonômicas do escritor no momento da assinatura questionada? Estava ele em pé, sentado ou acamado? Estava afastado ou próximo à mesa? Havia outras folhas de papel sob a folha assinada? Qual era o tipo e a gramatura do papel? Havia alguma corrente limitando o movimento da caneta?

Se considerarmos as condições físicas, psicológicas, neurológicas e comportamentais do escritor, o cenário se torna ainda mais complexo. Afinal, no momento da assinatura questionada, o escritor poderia estar cansado, apressado, nervoso ou sob o efeito de algum tipo de medicamento ou droga. Ninguém saberá ao certo.

Na prática, o perito poderá fazer algumas suposições, mas nunca conhecerá exatamente as condições do escritor no momento da assinatura questionada. E não adianta perguntar ao periciando, pois ele dirá que não sabe, sustentando a sua versão de que não assinou aquele documento.

No caso das assinaturas eletrônicas, capturadas em tablets e outros dispositivos, o cenário é semelhante. Quanto mais nos aproximarmos das condições em que a assinatura questionada foi lançada, melhor. Por isso, o perito deve requisitar ao produtor do documento as características técnicas da captura da assinatura questionada, como marca e modelo do suporte e da caneta stylus, especificações do instrumento escritor, software utilizado e se a assinatura foi capturada com ou sem dados biométricos, além da taxa de amostragem.

Essas informações ajudarão a balizar as condições de colheita de padrões e a compreender o quão próximo ou distante o perito está das condições ideais. Além disso, deve-se considerar que as pontas das canetas stylus se desgastam, o que pode interferir na qualidade dos resultados.

Ao final, a adequabilidade nunca será plena, seja para assinaturas capturadas digitalmente ou para aquelas feitas em papel e caneta com tinta.

Curiosamente, quando falamos de assinaturas eletrônicas, a preocupação gira em torno de saber se o instrumento escritor e o suporte utilizado na colheita dos padrões são da mesma natureza daqueles usados na produção dos grafismos questionados. Sem desmerecer a relevância dessa equiparação, é importante que, na análise grafoscópica, o perito considere tudo o que pode enriquecer o estudo, atribuindo a cada elemento o devido peso e grau de confiança.

Portanto, é perfeitamente possível comparar uma assinatura manuscrita eletrônica com uma assinatura feita em papel e caneta, desde que o perito leve em consideração as características, limitações e possibilidades de cada tecnologia, explicando essas condições no laudo para que a perícia atinja seus objetivos e eventuais impugnações possam ser devidamente respondidas.

Diante de tantas variáveis, sugere-se que o perito sempre colete padrões eletrônicos e físicos, avaliando as amostras para decidir como proceder. Caso as assinaturas eletrônicas preservem hábitos gráficos semelhantes às assinaturas em papel, o perito poderá usar ambas as modalidades como referências em seus exames, sempre documentando e justificando suas escolhas.

6. CONSIDERAÇÕES FINAIS

Assim como os documentos, as assinaturas também evoluíram ao longo do tempo. Das marcas e símbolos utilizados no passado, chegamos às assinaturas eletrônicas manuscritas, realizadas com o dedo, caneta ou mouse em lousas digitais.

As assinaturas dinâmicas são capazes de mapear gestos gráficos realizados no ar e registrar atributos biométricos objetivos de seus autores, proporcionando novas análises grafoscópicas, impensáveis há alguns anos.

A adequabilidade das assinaturas eletrônicas é uma preocupação central na perícia grafoscópica, mas ao refletirmos sobre o tema, percebemos que a adequabilidade nos documentos tradicionais também raramente é plenamente alcançada.

Para Harralson,[12] as condições ideais para que o perito possa apresentar resultados conclusivos sobre assinaturas eletrônicas manuscritas envolvem a existência de dados biométricos confiáveis e o conhecimento do método de captura e dos recursos utilizados na escrita manual. Caso essas condições não sejam atendidas, os resultados podem variar, sendo qualificados ou inconclusivos, dependendo de cada caso.

Como regra geral, faça a si mesmo as perguntas que outros poderão fazer para tentar desqualificar seu trabalho. Em seguida, verifique se você está pronto para defender suas escolhas, fazendo uma avaliação racional das suas respostas.

7. CONCLUSÃO

Os exames forenses de assinaturas eletrônicas manuscritas oferecem uma oportunidade única para a perícia grafoscópica, permitindo uma análise mais objetiva, precisa e detalhada. A captura de dados biodinâmicos, como pressão, velocidade e trajetória dos gestos, agrega uma nova camada de robustez às análises, proporcionando maior segurança na validação da autenticidade de documentos digitais em um mundo cada vez mais conectado.

Entretanto, a complexidade desses exames exige que o perito esteja atento às particularidades de cada caso, levando em consideração fatores como a

---

12. HARRALSON, H. *Developments in Handwriting and Signature Identification in the Digital Age*. Routledge. Disponível em: https://www.perlego.com/book/1560830. Acesso: 16 set. 2024.

adequabilidade dos dispositivos e programas utilizados, bem como o nível de familiaridade do signatário com a tecnologia. A comparação entre assinaturas eletrônicas e manuscritas tradicionais requer uma abordagem crítica e técnica, que compreenda as limitações e vantagens de cada tipo de tecnologia.

Olhando para o futuro, o desenvolvimento de sistemas automáticos de verificação de assinaturas, incluindo o uso de inteligência artificial, promete trazer avanços significativos para a autenticação de assinaturas. Contudo, a natureza multifacetada do ato de assinar, que envolve fatores psicofísicos e motores, indica que o perito grafoscópico continuará desempenhando um papel indispensável na garantia da autenticidade e confiabilidade de documentos e transações digitais.

REFERÊNCIAS

ASSELBORN, T., CHAPATTE, M.; DILLENBOURG, P. Extending the Spectrum of Dysgraphia: A Data Driven Strategy to Estimate Handwriting Quality. *Sci* Rep 10, 3140 (2020). https://doi.org/10.1038/s41598-020-60011-8.

DIAZ, M.; FERRER, M.; IMPEDOVO, D.; MALIK, M. I.; PITLO, G.; PLAMONDON, R. A Perspective Analysis of Handwritten Signature Technology. *ACM Computing Surveys* (CSUR), New York, NY, USA, v. 51, Issue 6, Article n. 117, p. 1-39, doi 10.1145/3274658, nov. 2019.

EMUDHRA. *The Future of eSignatures*: Predictions and Insights for 2024. Disponível em: https://emudhra.com/blog/the-future-of-esignatures-predictions-and-insights-for-2024. Acesso em: 24 jul. 2024.

HARRALSON, H. *Developments in Handwriting and Signature Identification in the Digital Age*. Routledge. Disponível em: https://www.perlego.com/book/1560830. Acesso em: 16 set. 2024.

HOUCK, M. (2018) *Digital and Document Examination*. Academic Press. Disponível em: https://www.perlego.com/book/1832307. Acesso em: 30 jun. 2024.

HUBER, R. A.; HEADRICK, A. M. *Handwriting Identification*: Facts and Fundamentals. CRC Press LLC, New York, 1999.

MASON, S. *Electronic evidence*. 2. ed. London: LexisNexis Butterworths. 2010.

MASON, S. *Electronics Signatures in Law*. 3. ed. Cambridge University Press. 2012. Disponível em: https://www.perlego.com/book/4224326. Acesso em: 15 set. 2024.

PIRLO, G., Impedovo, D. and Fairhurst, M. (2014) *Advances In Digital Handwritten Signature Processing: A Human Artefact For E-society*. WSPC. Available at: https://www.perlego.com/book/851192. Accessed: 20 Sep. 2024.

PERÍCIA EM ARQUIVOS PDF

Joaquim Neto

1. INTRODUÇÃO

Na era digital, a perícia em arquivos PDF assume uma importância fundamental, uma vez que este formato se consolidou como padrão para a criação, compartilhamento e armazenamento de documentos eletrônicos. A sigla PDF é a abreviação de *Portable Document Format* (formato portátil de documento), e foi desenvolvida pela Adobe. Atualmente, esse formato é um padrão aberto. Os arquivos PDF são amplamente utilizados em contratos, comunicações governamentais e processos judiciais, sendo valorizados por sua portabilidade e versatilidade. No entanto, essa popularidade também os torna alvos frequentes de fraudes e manipulações. A perícia em arquivos PDF é, portanto, essencial para garantir a integridade e autenticidade dos documentos, permitindo a detecção de adulterações por meio de prova científica.

Existem várias abordagens na perícia de arquivos PDF, e o conhecimento sobre a estrutura do arquivo e sua origem pode ser essencial para a elucidação dos fatos. A análise forense detalhada de arquivos PDF pode revelar metadados ocultos, identificar os softwares utilizados na sua criação, rastrear alterações e extrair versões antigas do documento. Essas informações são vitais para a construção de provas robustas e confiáveis.

2. ANÁLISE DE METADADOS

Os metadados são informações que descrevem outros dados, proporcionando um contexto adicional que facilita a organização, busca e interpretação dos documentos digitais pelo sistema operacional e outros softwares. Os metadados são de grande relevância para a perícia em arquivos PDF, visto que essas informações podem descrever a ferramenta que gerou o arquivo, o nome do autor, a data de criação, o sistema operacional, a versão do documento e muito mais.

Os metadados podem ser classificados como extrínsecos ou intrínsecos. Os metadados extrínsecos ficam armazenados no sistema de arquivos do dispositivo onde o arquivo PDF está guardado, e o simples ato de copiá-lo de um dispositivo para outro, sem os devidos cuidados, pode modificar essas informações. Quando algum metadado extrínseco é alterado, a assinatura hash do arquivo permanece inalterada. Já os metadados intrínsecos são armazenados no próprio arquivo

PDF, e qualquer alteração nesses metadados resultaria em uma modificação no código hash do arquivo.

Existem diversas ferramentas para a análise de metadados, tanto online quanto offline. Quando optar por utilizar ferramentas online, tenha cautela, especialmente em demandas judiciais; verifique a política de privacidade do site antes de compartilhar um arquivo sigiloso. Uma ferramenta poderosa para a análise de metadados é o *ExifTool*, desenvolvido por Phil Harvey. Essa ferramenta funciona por linha de comando e sua sintaxe é:

> "exiftool(-k).exe" nome_do_arquivo.pdf

```
ExifTool Version Number         : 12.92
File Name                       : Arquivo Assinado.pdf
Directory                       : .
File Size                       : 21 MB
File Modification Date/Time     : 2024:07:16 18:40:31-03:00
File Access Date/Time           : 2024:08:14 18:46:06-03:00
File Creation Date/Time         : 2024:08:14 18:46:05-03:00
File Permissions                : -r--r--r--
File Type                       : PDF
File Type Extension             : pdf
MIME Type                       : application/pdf
PDF Version                     : 1.4
Linearized                      : Yes
XMP Toolkit                     : Adobe XMP Core 9.1-c002 79.a6a6396, 2024/03/12-07:48:23
Producer                        : Adobe Photoshop for Windows -- Image Conversion Plug-in
Create Date                     : 2024:07:16 17:56:55-03:00
Metadata Date                   : 2024:07:16 18:40:31-03:00
Creator Tool                    : Adobe Photoshop 25.9 (Windows)
Thumbnail Format                : JPEG
Thumbnail Height                : 512
Thumbnail Width                 : 362
Thumbnail Image                 : (Binary data 56472 bytes, use -b option to extract)
Format                          : application/pdf
Color Mode                      : RGB
Instance ID                     : uuid:8ea020e2-4f47-46fb-b4a1-e013e5abb458
Document ID                     : adobe:docid:photoshop:597e4f06-fbf3-b245-882c-f50e1c3b8fd0
Original Document ID            : xmp.did:c2073a29-69c2-7a43-8407-0113bf2038f5
History Action                  : saved, saved
History Instance ID             : xmp.iid:c2073a29-69c2-7a43-8407-0113bf2038f5, xmp.iid:16062e7c-f729-f241-958f-34f8bc60b981
History When                    : 2024:07:16 18:40:10-03:00, 2024:07:16 18:40:10-03:00
History Software Agent          : Adobe Photoshop 25.9 (Windows), Adobe Photoshop 25.9 (Windows)
```

Figura 1 – Amostra de saída de análise de metadados da ferramenta Exiftool.

Neste capítulo, utilizaremos a ferramenta Peritus para a realização dos exames periciais nos arquivos PDF. O *Peritus* é uma ferramenta gratuita, desenvolvida pela Polícia Federal do Brasil, cujo objetivo é servir como base para a análise de arquivos multimídia e documentos digitais, normalizando procedimentos e reforçando a auditabilidade e a reprodutibilidade dos exames.

Ao executar a ferramenta, crie um novo caso e preencha os campos 'Nome do Caso' e 'Caminho'. O campo 'Nome do Caso' refere-se à identificação do caso na plataforma, enquanto o campo 'Caminho' define o local onde as informações referentes ao caso serão armazenadas. Após preencher os dois campos, clique em *Avançar* e depois em *Terminar*.

Figura 2 – Criação de novo caso na ferramenta Peritus.

Para adicionar arquivos ao caso, é necessário clicar e arrastar o arquivo para a aba principal da ferramenta ou clicar em *Caso > Importar Arquivos*. Os arquivos utilizados nos exemplos podem ser encontrados no link: https://www.joaquim-neto.com.br/editora-foco.

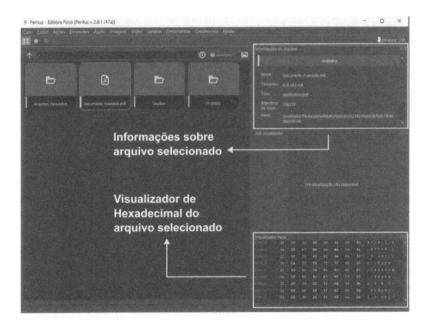

Figura 3 – Tela principal do peritus em destaque abas de informações e de hexadecimal do arquivo selecionado.

Com o arquivo selecionado, clique na opção *Extensões > PDF – Ferramentas*. Uma nova janela será aberta, contendo várias abas e botões. Clique na aba *Informações de metadados*. Em seguida, na aba chamada *Arquivos PDF*, selecione o arquivo que será analisado e clique no botão *Obter Metadados*.

Ao analisar os metadados do arquivo questionado, podemos observar uma série de elementos relevantes para a perícia digital. O arquivo possui os campos Creator e Producer, que indicam que a ferramenta Photoshop foi utilizada, e os metadados CreationDate (data de criação) e ModDate (data de modificação) revelam uma diferença de quase uma hora. Isso permite afirmar que, em algum momento, a ferramenta Photoshop foi usada para processar esse arquivo e que ele foi criado, nesse caso concreto, às 17:56:55 do dia 16 de julho de 2024, sendo modificado no mesmo dia às 18:40:31.

Figura 4 – Metadados do arquivo de nome 'Documento Assinado.pdf', em destaque campos Creator, Producer, CreationDate e ModDate.

Tenha atenção à ferramenta que está utilizando para analisar os metadados do documento PDF, pois ela pode apresentar duas datas de criação diferentes. Nesse cenário, é comum que uma das datas seja originária dos metadados extrínsecos, representando a data em que o arquivo foi criado no dispositivo, e a outra seja proveniente dos metadados intrínsecos, refletindo a última modificação dentro da estrutura do arquivo PDF.

Utilizando como exemplo o mesmo arquivo da figura anterior, com o analisador de propriedades nativo do Windows, observe que o arquivo possui a data de criação do dia 13/08/2024 e a data de modificação do dia 16/07/2024. Nesse momento, você pode se perguntar: como um arquivo pode ter sido modificado antes mesmo de ser criado? A resposta é simples: a data de criação exibida se refere ao momento em que o arquivo foi criado no meu dispositivo.

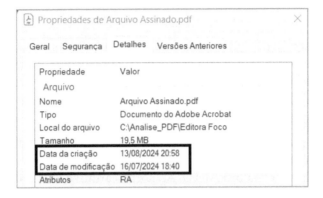

Figura 5 – Análise de propriedades nativa do Windows, em destaque data de criação e modificação do arquivo.

Outros campos de metadados de grande relevância são os Extensible Metadata Platform (XMP). Essa propriedade permite que os metadados sejam incorporados diretamente no próprio documento, possibilitando a inserção de informações pelos softwares, o que torna esses dados valiosos artefatos para a perícia em documentos PDF.

No arquivo questionado, foi identificada a tag chamada xmpMM, o que é um indício de que o arquivo foi modificado e possui versionamento.

Figura 6: Análise de metadados do arquivo questionado, em destaque campo xmpMM:InstanceID.

3. EXTRAÇÃO DE IMAGENS

Um método frequentemente utilizado por fraudadores em arquivos PDF é a inserção de imagens, como assinaturas, carimbos ou até mesmo a cópia e colagem de elementos do próprio arquivo para alterar seu conteúdo sem prejudicar significativamente a aparência original. Ao extrair todas as imagens do documento PDF, é possível visualizá-las de forma independente, permitindo também a comparação e validação dessas imagens, utilizando perícia em imagens ou assinaturas hash. Em casos de inserção de assinaturas escaneadas, por exemplo, é comum que todas as assinaturas no documento sejam exatamente idênticas.

Após a inserção de imagens em um documento PDF, pode acontecer de ser gerado um único arquivo de imagem para cada página do documento. Nesses casos, a extração de imagens individuais pode não ser tão eficaz, sendo necessário utilizar técnicas de perícia em imagens para validar com maior precisão o teor das modificações.

O *Peritus* possibilita a extração e análise de todos os arquivos de imagem presentes no documento. Após a extração das imagens, é possível realizar exames individuais em cada uma delas. Ao abrir o arquivo chamado 'Documento Assinado.pdf', por exemplo, é possível observar que o documento apresenta características de um arquivo impresso e escaneado. Portanto, se esse arquivo não foi modificado após sua digitalização, ele deve conter apenas um único arquivo de imagem com todo o seu conteúdo.

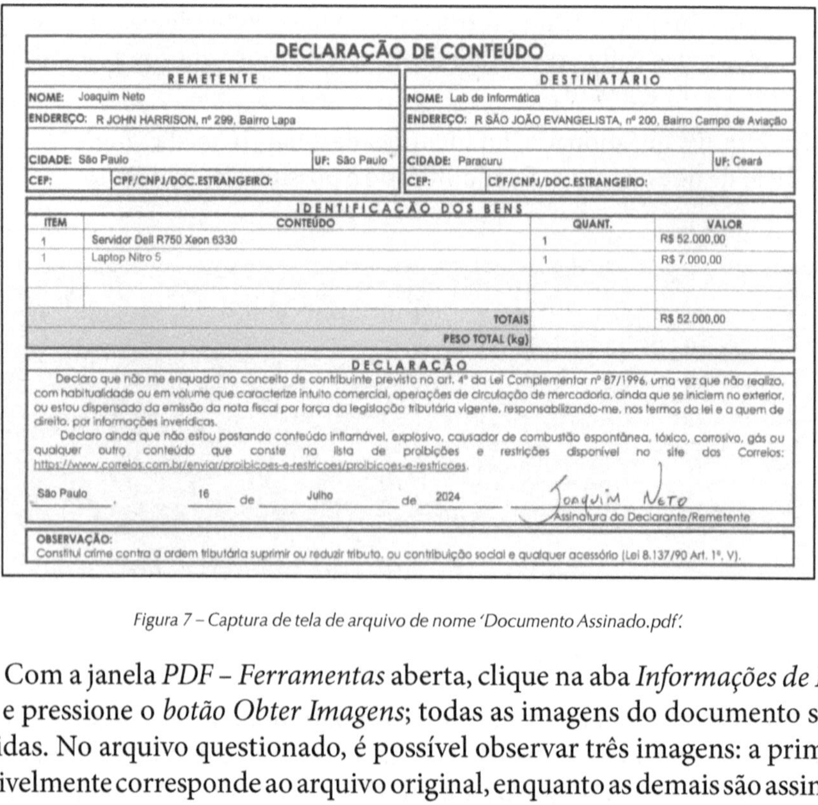

DECLARAÇÃO DE CONTEÚDO

REMETENTE		DESTINATÁRIO	
NOME: Joaquim Neto		NOME: Lab de Informática	
ENDEREÇO: R JOHN HARRISON, nº 299, Bairro Lapa		ENDEREÇO: R SÃO JOÃO EVANGELISTA, nº 200, Bairro Campo de Aviação	
CIDADE: São Paulo	UF: São Paulo	CIDADE: Paracuru	UF: Ceará
CEP:	CPF/CNPJ/DOC.ESTRANGEIRO:	CEP:	CPF/CNPJ/DOC.ESTRANGEIRO:

IDENTIFICAÇÃO DOS BENS

ITEM	CONTEÚDO	QUANT.	VALOR
1	Servidor Dell R750 Xeon 6330	1	R$ 52.000,00
1	Laptop Nitro 5	1	R$ 7.000,00
	TOTAIS		R$ 52.000,00
	PESO TOTAL (kg)		

DECLARAÇÃO

Declaro que não me enquadro no conceito de contribuinte previsto no art. 4º da Lei Complementar nº 87/1996, uma vez que não realizo, com habitualidade ou em volume que caracterize intuito comercial, operações de circulação de mercadoria, ainda que se iniciem no exterior, ou estou dispensado da emissão da nota fiscal por força da legislação tributária vigente, responsabilizando-me, nos termos da lei e a quem de direito, por informações inverídicas.

Declaro ainda que não estou postando conteúdo inflamável, explosivo, causador de combustão espontânea, tóxico, corrosivo, gás ou qualquer outro conteúdo que conste na lista de proibições e restrições disponível no site dos Correios: https://www.correios.com.br/enviar/proibicoes-e-restricoes/proibicoes-e-restricoes.

São Paulo, 16 de Julho de 2024 Joaquim Neto

Assinatura do Declarante/Remetente

OBSERVAÇÃO:
Constitui crime contra a ordem tributária suprimir ou reduzir tributo, ou contribuição social e qualquer acessório (Lei 8.137/90 Art. 1º, V).

Figura 7 – Captura de tela de arquivo de nome 'Documento Assinado.pdf'.

Com a janela *PDF – Ferramentas* aberta, clique na aba *Informações de Imagens* e pressione o *botão Obter Imagens*; todas as imagens do documento serão exibidas. No arquivo questionado, é possível observar três imagens: a primeira possivelmente corresponde ao arquivo original, enquanto as demais são assinaturas inseridas no documento por meio de software de edição. Para salvar as imagens identificadas, selecione-as e clique no botão *Exportar Imagens*; após escolher o nome da pasta, as imagens serão salvas no *diretório Arquivos Derivados*, na tela principal do *Peritus*.

Figura 8 – Imagem de assinatura inserida no documento questionado.

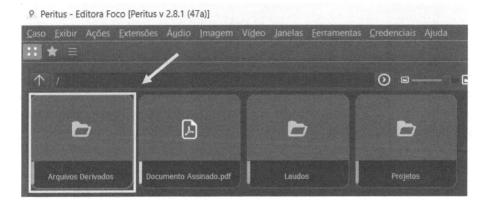

Figura 9 – Diretório onde conteúdo exportado é salvo no peritus.

4. IDENTIFICAÇÃO DE FONTES

Um arquivo PDF pode conter texto gerado a partir de várias fontes tipográficas, sejam elas incorporadas no arquivo ou herdadas de um bitmap. Os arquivos de fonte são incorporados ao documento para garantir que a visualização seja equivalente em qualquer dispositivo. Na perícia digital, as fontes tipográficas podem ser essenciais para a elucidação dos fatos.

É bastante comum que fraudadores insiram caracteres em arquivos PDF. Para esse procedimento, existem pelo menos duas possibilidades: a primeira é a inserção de caracteres em arquivos escaneados, que não deveriam conter vestígios de fonte tipográfica incorporada ao documento. A segunda é a inserção de caracteres em arquivos que já possuem fontes incorporadas, podendo ser com uma tipografia diferente do restante do conteúdo ou idêntica.

Com a janela *PDF – Ferramentas* aberta, clique na aba *Informações de Fontes* e, em seguida, no botão *Obter Fontes*. É possível observar que o arquivo questionado possui fontes incorporadas, o que, por se tratar de um arquivo digitalizado, não deveria ocorrer, sendo um indício de que houve inserções de dados após a digitalização do documento.

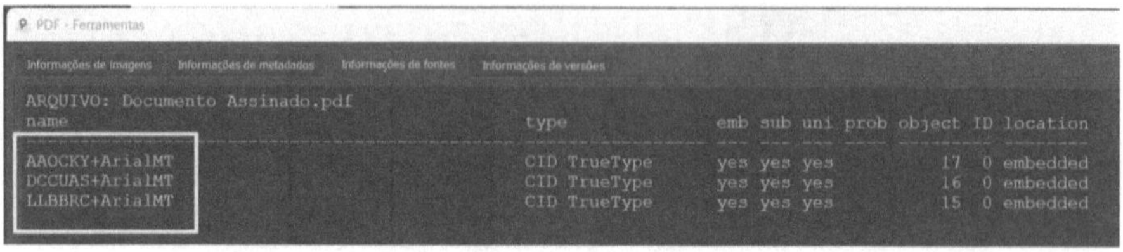

Figura 10 – Informações de fontes do arquivo questionado, em destaque fontes incorporadas.

5. VERSIONAMENTOS

No caso concreto, foram identificados vários indícios de manipulação do documento PDF após sua digitalização. No tópico de análise de metadados, foi identificada a tag chamada xmpMM, cuja existência é um indício de que o arquivo possui versões. Alguns softwares de edição de PDF armazenam as versões do documento junto com seus respectivos metadados, o que é um dado muito valioso para a perícia forense, pois permite a extração dessas versões utilizando ferramentas especializadas.

No *Peritus*, clique na aba *Informações de Versões* e, em seguida, no botão *Obter Versões*. Se a ferramenta identificar versões do arquivo PDF, elas serão exibidas com seus respectivos offsets. Para extrair as versões do documento, clique no botão *Exportar Versões*. Após a extração, é possível acessar os arquivos na raiz do *Peritus*, no diretório *Arquivos Derivados*, e realizar novos exames individualizados em cada arquivo.

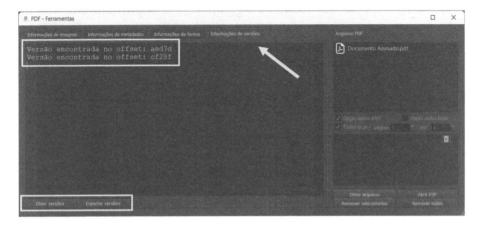

Figura 11 – Informações sobre versões de documento PDF.

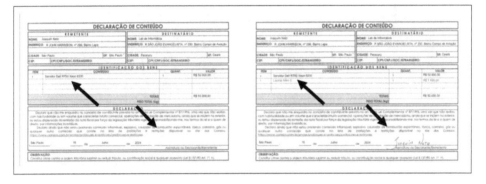

Figura 12 – Versões do arquivo exportada, em destaque amostra de modificações.

6. INSPEÇÃO VISUAL

A inspeção visual de documentos PDF desempenha um papel fundamental na identificação de possíveis anomalias no arquivo. Embora aparentemente simples, esse processo permite que um olhar atento e treinado detecte inconsistências sutis que podem indicar manipulações no documento. Durante a inspeção visual, o perito examina minuciosamente elementos como a formatação do texto, alinhamento de parágrafos, espaçamento entre linhas, qualidade e posicionamento de imagens, além de verificar a coerência das fontes e estilos utilizados ao longo do documento. Qualquer discrepância nesses elementos pode ser um indício de que o arquivo foi manipulado, seja por adição, remoção ou modificação de conteúdo.

Além disso, a inspeção visual permite identificar artefatos digitais que podem surgir como resultado de edições mal executadas, como bordas irregulares em imagens, diferenças na resolução de diferentes partes do documento ou inconsistências na qualidade da digitalização. É importante ressaltar que, embora a inspeção visual seja uma etapa fundamental no processo de análise forense de documentos PDF, ela deve ser complementada por métodos técnicos mais avançados. A combinação dessas abordagens proporciona uma avaliação mais completa e confiável da autenticidade e integridade do documento PDF em questão, fornecendo bases sólidas para conclusões periciais.

ITEM	
1	Servidor Dell R750 Xeon 6330
1	Laptop Nitro 5

Figura 13 – Exemplo de inserção de texto em arquivo digitalizado.

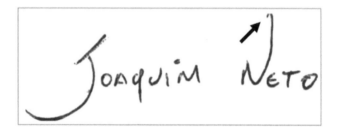

Figura 14 – Exemplo de assinatura inserida em documentos, em destaque indícios de corte da assinatura.

7. COMPARAÇÃO DE DOCUMENTOS

A comparação de arquivos PDF constitui um procedimento fundamental em perícias forenses, pois, muitas vezes, a análise não se limita a verificar se o arquivo questionado é autêntico e íntegro. Esse processo baseia-se na identificação detalhada de diferenças entre dois documentos (ou duas versões do mesmo documento), possibilitando a detecção de modificações, inserções ou supressões de dados. Em arquivos com poucas páginas e elementos, pode ser viável identificar as diferenças por meio de inspeção visual. No entanto, em documentos com várias páginas, comentários, links, imagens e outros elementos, a análise manual se torna suscetível a erros, além de exigir muito tempo do especialista.

Neste caso concreto, foi fácil identificar os campos modificados por meio da inspeção visual. Todavia, vamos utilizar a ferramenta Adobe Acrobat Pro para comparar os dois arquivos de forma automatizada.

Para visualizar os arquivos de versionamento do PDF extraídos no *Peritus* no Explorer do Windows e realizar exames com ferramentas externas, clique com o botão direito do mouse no arquivo e selecione a opção *Mostrar no Explorer*.

Figura 15 – Função de visualizar arquivos no explorer do windows na ferramenta peritus.

Com o documento aberto no Acrobat Pro, clique no botão *Comparar arquivos*. Uma janela será aberta, permitindo que você escolha os arquivos que deseja comparar e ajuste as configurações da análise. Para este exemplo, selecionamos os arquivos das versões exportadas do PDF, utilizando as configurações padrão do *Acrobat Pro*.

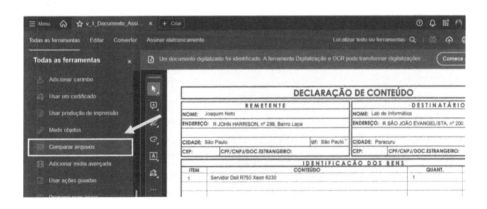

Figura 16: Visualização de documento com Adobe Acrobat Pro, em destaque botão 'Comparar arquivos'.

Um relatório é gerado com as modificações identificadas pela ferramenta, utilizando marcações em cores diferentes. Os dois arquivos são exibidos lado a lado, com as alterações destacadas para facilitar a visualização.

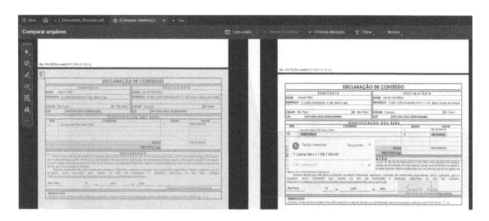

Figura 17 – Exemplo de comparação de arquivos PDF com ferramenta Adobe Acrobat Pro.

8. CUIDADOS NECESSÁRIOS

Nos tópicos anteriores, foram apresentados alguns exames periciais em arquivos PDF, mas é fundamental adotar medidas para mitigar erros e, consequentemente, evitar a apresentação de conclusões equivocadas. Um ponto de grande relevância está relacionado à forma de aquisição do arquivo PDF. É comum que o cliente faça a aquisição do documento utilizando o comando "imprimir em PDF". Essa prática costuma trazer prejuízos significativos para o exame, uma vez que muitos metadados são perdidos e/ou sobrescritos. Dependendo da ferramenta utilizada para realizar a "impressão", os exames de extração de imagens, identificação de fontes e versionamento do arquivo podem se tornar ineficazes.

Além disso, a compressão e o processamento dos arquivos podem influenciar nos resultados dos exames. Frequentemente, os clientes, com o objetivo de reduzir o tamanho dos documentos, utilizam ferramentas de compressão ou extraem apenas a página questionada. Essas práticas podem causar grandes prejuízos para o exame.

Outro ponto de atenção é quando um arquivo é transmitido para uma plataforma online. Existe o risco potencial de perda de elementos cruciais para a realização de um exame pericial adequado. Esse processo de upload pode resultar na alteração de metadados, timestamps e outras informações digitais que são fundamentais para a análise forense. Portanto, esses elementos precisam ser cuidadosamente considerados durante a realização do exame.

9. RECUPERAÇÃO DE PDF CORROMPIDO

A recuperação de arquivos PDF corrompidos é uma tarefa crucial no campo da perícia digital e na gestão de documentos eletrônicos. A corrupção de arquivos PDF pode ocorrer por diversas razões, incluindo interrupções abruptas durante o processo de download ou upload, infecções por malware, erros de software durante a criação ou edição do PDF, ou até mesmo a corrupção intencional de dados.

Um primeiro ponto a considerar é se o arquivo questionado possui a assinatura de um documento PDF. Existem vários sites especializados na verificação da assinatura de arquivos. Um site muito completo e frequentemente atualizado é o desenvolvido por Gary Kessler. À primeira vista, o site pode parecer confuso, mas a consulta é bem simples. Pesquise pela extensão do arquivo que deseja verificar, nesse caso, "PDF". Observe que, à esquerda, estão os caracteres "25 50 44 46", que representam a assinatura hexadecimal dos arquivos PDF, e, um pouco mais à direita, "%PDF", que é a decodificação textual desses caracteres hexadecimais. Todo arquivo PDF deve começar com essa sequência; se for diferente, o arquivo está corrompido e pode não ser possível visualizá-lo. Na tabela, é possível visualizar em negrito o campo *Trailers*, onde cada linha representa uma possibilidade para o final dos arquivos.

Figura 18 – Assinatura de arquivos PDF, em destaque campos hexadecimais representando o início e fim de arquivos PDF.

Agora que sabemos a assinatura de um arquivo PDF, vamos abrir o arquivo questionado com um visualizador hexadecimal para validar sua assinatura. Para este exemplo, foi utilizada a ferramenta HxD. Observe que a assinatura do arquivo questionado corresponde à de um arquivo PDF legítimo.

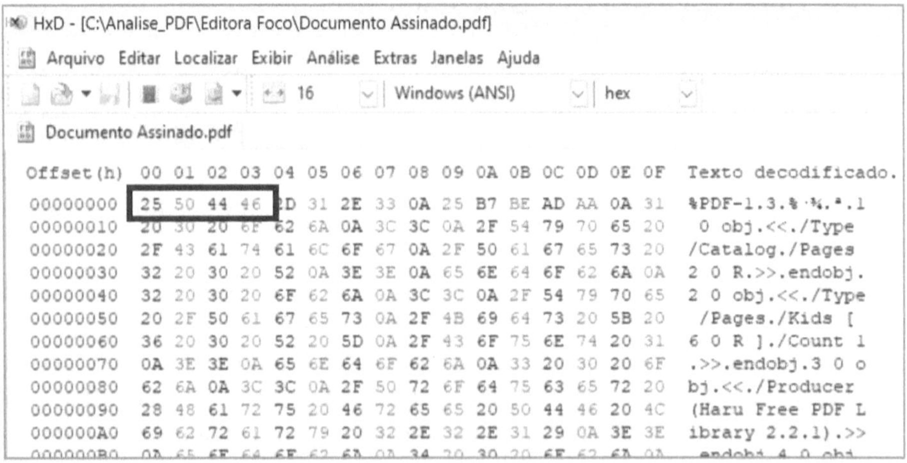

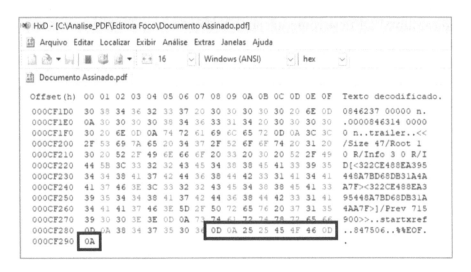

Figura 19 – Hexadecimal das primeiras linhas do arquivo questionado, em destaque assinatura de arquivo PDF.

Figura 20 – Hexadecimal das últimas linhas do arquivo questionado, em destaque assinatura de arquivo PDF.

Sabendo que o arquivo possui a assinatura de um PDF, podemos abri-lo com a ferramenta Peritus e realizar os procedimentos de extração de imagens e versionamento. Existem casos em que a estrutura do arquivo PDF está corrompida, mas ainda é possível extrair as imagens do arquivo e/ou outra versão do documento.

Quando não for possível extrair imagens e versões do documento com o Peritus, será necessário corrigir a estrutura do arquivo com uma ferramenta especializada. As ferramentas SecureRecovery for PDF e Stellar Repair for PDF são boas alternativas offline para reparação de arquivos PDF. No que diz respeito a ferramentas online, a ferramenta de reparo de arquivos PDF da *ilovepdf* é uma ótima opção. No entanto, é de grande importância ler a versão atualizada das políticas de privacidade da ferramenta antes de submeter arquivos sigilosos.

10. QUEBRA DE SENHA DE PDF

A temática da quebra de senhas em arquivos PDF é de significativa relevância no âmbito da perícia digital. Esse procedimento, quando realizado em contextos legais e éticos, pode ser crucial para a recuperação de informações essenciais em investigações forenses ou em situações de perda acidental de acesso a documentos importantes. É importante ressaltar que a execução desse processo deve sempre ocorrer em conformidade com as normativas legais vigentes e diretrizes éticas pertinentes.

O processo de quebra de senhas em arquivos PDF envolve o uso de métodos computacionais avançados para contornar as medidas de segurança implementadas no documento. Essas técnicas podem variar desde abordagens de força bruta, onde todas as combinações possíveis de caracteres são testadas, até métodos mais sofisticados que utilizam a análise de outros dados para a criação de dicionários personalizados ou a exploração de vulnerabilidades no método de criptografia. A eficácia desses procedimentos está relacionada à complexidade da senha utilizada e ao nível de criptografia do arquivo.

É fundamental compreender que a constante evolução dos algoritmos de criptografia utilizados em arquivos PDF tem resultado em níveis de segurança cada vez mais elevados. Consequentemente, a quebra de senhas em documentos protegidos por métodos de criptografia modernos pode exigir recursos computacionais significativos por períodos prolongados. Em alguns casos, dependendo da complexidade da senha, o tempo estimado e os recursos necessários para sua quebra podem tornar o processo inviável.

Outro ponto importante a ser considerado é o risco de superaquecimento do computador durante a quebra de senhas. Antes de realizar esse procedimento, é essencial validar o sistema de ventilação do equipamento; não é recomendável a utilização de notebooks para esse tipo de operação.

Existem diversas ferramentas disponíveis para a quebra de senhas, cada uma com suas particularidades. Hashcat e John the Ripper são duas ferramentas gratuitas muito poderosas para esse fim, embora sua utilização seja um pouco mais complexa.

Duas ferramentas de fácil utilização e bastante versáteis são o Passware Kit Standard and Advanced e o PDF Password Recovery. Um ponto de destaque é que a utilização de GPU para a quebra de senhas acelera significativamente o tempo necessário para finalizar o ataque.

11. LINKS PARA FERRAMENTAS

Adobe Acrobat Pro: https://www.adobe.com/br/acrobat.html.

Advanced PDF Password Recovery: https://www.elcomsoft.com/apdfpr.html.

Exiftool: https://exiftool.org/.

Hashcat: https://hashcat.net/hashcat/.

HxD: https://mh-nexus.de/en/downloads.php?product=HxD20.

iLovePDF: https://www.ilovepdf.com/repair-pdf.

John the Ripper: https://www.openwall.com/john/.

Passware Kit Standard e Advanced: https://www.passware.com/kit-standard/.

Peritus: https://github.com/SEPAEL/Peritus.

SecureRecovery for PDF: https://www.securedata.com/product/pdf-file-repair.

Stellar Repair for PDF: https://www.stellarinfo.com/file-repair/pdf-repair.php.

REFERÊNCIAS

ADOBE. *Propriedades e metadados do PDF*. Disponível em: https://helpx.adobe.com/br/acrobat/using/pdf-properties-metadata.html. Acesso em: ago. 2024.

GUNGOR, Arman. *PDF Forensic Analysis and XMP Metadata Streams*. Disponível em: https://www.meridiandiscovery.com/articles/pdf-forensic-analysis-xmp-metadata/. Acesso em: ago. 2024.

HASSAN, Nihad A. *Perícia Forense Digital*. São Paulo: Novatec, 2019.

KESSLER, Gary. *GCK'S File Signatures Table*. Disponível em: https://www.garykessler.net/library/file_sigs.html, Acesso em: ago. 2024.

SEPAEL, Serviço de Perícias em Audiovisual e Eletrônicos. *Peritus*. Disponível em: https://github.com/SEPAEL/Peritus. Acesso em: ago. 2024.

VELHO, Jesus Antonio et al. *Tratado de Computação Forense*. Millennium: São Paulo, 2016.

ANOTAÇÕES